控场术

有效影响他人的9堂必修课

郑一群◉著

新华出版社

图书在版编目（CIP）数据

控场术：有效影响他人的 9 堂必修课/郑一群著
北京：新华出版社，2015.8（2025.2重印）
ISBN 978－7－5166－1973－5
Ⅰ.①控…　Ⅱ.①郑…　Ⅲ.①人际关系学—通俗读物
Ⅳ.①C912.1－49
中国版本图书馆 CIP 数据核字（2015）第 196815 号

控场术：有效影响他人的 9 堂必修课

作　　者：郑一群	
出 版 人：张百新	选题策划：赵怀志
责任编辑：赵怀志	封面设计：任燕飞
责任校对：刘保利	责任印制：廖成华

出版发行：新华出版社
地　　址：北京石景山区京原路 8 号　　邮　　编：100040
网　　址：http://www.xinhuapub.com　http://press.xinhuanet.com
经　　销：新华书店
购书热线：010－63077122　中国新闻书店购书热线：010－63072012
照　　排：新华出版社照排中心
印　　刷：大厂回族自治县众邦印务有限公司

成品尺寸：150mm×230mm
印　　张：13　　　　　　　　字　　数：180 千字
版　　次：2015 年 11 月第 1 版　　印　　次：2025 年 2 月第二次印刷
书　　号：ISBN 978－7－5166－1973－5
定　　价：29.00 元

图书如有印装问题，请与出版社联系调换：010－63077101

前　言

生活中，你是否注意到，在你的朋友圈、同学圈、同事圈或其他一些交际圈子中，有些人相貌平平，却魅力十足，总能吸引众多的人围绕在他的身边，总是让人自觉或不自觉地按着他们的思维或要求去行事？这其中是否有什么不为人知的秘密呢？原因不一而足，但无一例外的是，他们都善于控场。

"控场"，顾名思义就是"控制现场"。它是一个比较大的范畴，在很多领域都会用到控场术。在本书中我们所说的控场术，主要是指在人际交往中，说服他人、引导他人、影响他人、打动他人、制约他人。

控场是一种掌控气场、主宰人际的神奇技术。它让你能够在即刻之间便影响别人，并说服别人采取行动，做你想让他们做的事情。你会赢得人们对你的思维方式的认同，而且让你获得充分的自信，更加坚定地做下去。乔布斯、巴菲特、马云、李嘉诚……他们都是控场术的实践者。

无论是在职业生涯还是日常生活中，如果你不会控场，意味着你没有服众的能力，没有成为核心的素质，更不能成为有影响力的人。控场的终极目标在于向对方的大脑传输想法，并制约对方的行为。控场在人际关系中拥有巨大的改变力量，控场能改变你的内在能量，帮你和别人的大脑之间建立一座无形的桥，你通过这座桥向对方传递你的思想和力量。控场不是洗脑，更不是催眠，而是一种科学的掌控技术。它的有效性已经得到百万顶尖人士的认可。

控场是一种先进的理论，也是一套实用的技术。当你掌握控场术，你会变得极具魅力；别人会被你吸引，你仿佛成了一块吸力强劲的吸铁石。你不必强迫别人做任何事情，他们会自动被你吸引，而且希望你能说服他们。你个人会获得社交上、个人生活上的成功，原本对你关着的门将为你打开，整个世界中的各种机会都将向你招手。

控场是一种终生受用的特殊技能。可以说，你在生活中想要的所有东西，或者将来想要的东西，都来自控场。会控场，可以让你朋友遍天下；会控场，可以让你在职场中游刃有余；会控场，可以让你在商战中轻松获胜；会控场，让你独具个人魅力；会控场，是你成功的资本……

本书通过深入浅出的剖析、贴近生活的案例，用简洁明了的语言从各个角度、全方位介绍如何才能利用控场术、巧妙地说服别人，从而达到自己的意图和目的。书中汇聚了作者多年来使用并总结的各种控场的方法和技巧，传授读者在不同场合、面对不同听众时，如何做到有效控场、表述观点、说服他人、取得效果、获得成功。人们只要按照书中的科学指导和技巧训练，就能学会在不同社交及商业场合下，做到挥洒自如、充满自信、富有说服力和震撼力地进行表达和说服，顺利说服他人，并扩大自己的影响力。

目　录

01 控场，才是王道

我的地盘听我的

控场是一种终生受用的特殊技能。综观那些成功人士，他们一般都谙熟驾驭人心的心理控制策略，善于巧妙地说服他人、引导他人、控制他人，以致让对方心甘情愿地为之鞍前马后，他们可以将征服人心的控场术应用于日常生活中的每一个细节。

02 控场与气场

用你的气场赢得朋友、震撼对手

人与人交往，是气场与气场的较量。不是你影响对方，就是对方影响你。气场强大，你就是人生的掌控者与操盘手。用气场感染人、影响人、说服人；让别人喜欢你、佩服你、感激你。善于控场的人往往具有强大的气场。

03 控场的技巧

控场的终极目标在于向对方的大脑传输想法，并制约对方的行为。在人际交往中，如果你掌握了控场的技能和方法，你就可以影响和改变他人的心理和行为，让事情朝有利于自己的方向发展。

04 控场的心理

一个人的心理决定了其行为模式，因此，能否掌控他人的内心世界，决定了能否掌控他人的言行举止；能否掌控他人的言行举止，决定了能否掌控人际交往的主动权。

05　控场与职场

在职场中，为什么你说出的提议没有人听？你做的决策没有人支持？这都因为你缺乏个人影响力。别再羡慕那些一呼百应的精英了，其实，掌握控场术，你也会成为一个有影响力和号召力的人。

06　控场与销售

销售，不只是单纯的卖东西，影响力才是其中的点金石。所以，销售的过程就是说服他人、影响他人、打动他人的过程，你必须有一定的意识与技能，才算真正理解了销售，理解了控场的真谛！

07 控场与谈判
巧词妙语，让对方无力反击

生活中，我们处处离不开谈判——小到与菜贩的讨价还价，大到国与国间的政治博弈，这些都属于谈判的范畴。如果你想在谈判中占据主动，争取到相关利益，那么你必须具备出色的谈判力，控制住谈判的场面。

08 控场与救场
妙语解围，创造轻松的交往气氛

人际交往中，遇到突发状况在所难免，而趋利避害是人类的本性，为了避免受到伤害，我们要尽可能学会采用各种方式来保护自己。俗话说，"害人之心不可有，防人之心不可无。"

控场，就是通过我们的智慧打好圆场，让那些危害到我们或者有可能危害到我们的不利因素远离我们，使自己受到保护。

09 控场与演讲

我为演讲狂，一切尽在掌握

在演讲过程中，演讲者的最高境界在于，营造一个让听众和自己完全融为一体的氛围，并确保将掌控这个氛围的总开关置于自己手中。而这需要演讲者掌握一定的控场技巧和方法。

1 控场，才是王道

我的地盘听我的

控场是一种终生受用的特殊技能。综观那些成功人士，他们一般都谙熟驾驭人心的心理控制策略，善于巧妙地说服他人、引导他人、控制他人，以致让对方心甘情愿地为之鞍前马后，他们可以将征服人心的控场术应用于日常生活中的每一个细节。

言语交锋，控场者胜

控场是一种能吸引、控制他人的力量，是一个人素养、能力和智慧的全面而综合的反映。一个具有控场能力的人所说的话能使别人从心底里钦服，从而能顺利地达到自己的目的。他有着特别的吸引力，他走到哪里都会大受欢迎。而且，这种魅力不会因为时间的流逝而失去光泽，反而会在经过岁月的打磨后变得更加耀眼。

纵观古今中外那些成功者，往往都是能言善辩、舌灿莲花的控场者。无论是政界领袖列宁、林肯、毛泽东、周恩来、奥巴马，还是商界领袖杰克·韦尔奇、比尔·盖茨等等，都是善于与公众沟通的大师！所以在演讲或沟通的过程中，要做到控制听众（即主体控制），在任何情况下都能发挥自己的优势和潜能，使听众聚精会神并为之振奋，这就要求我们必须具备良好的控场艺术。

曾经在一场"香港小姐"的决赛中，主持人问入围的一位佳丽："假如要你在肖邦和希特勒这两个人中选择一个作为你的终身伴侣，你会选谁？"这时的比赛已经进入了白热化阶段，而这个选手在前面的环节中得分一般，她也不是众多"香港小姐"中最漂亮的，所以，这个问题能否回答好对这个女选手的比赛结果至关重要。

这位入围的小姐心想：如果选择了肖邦，就会落入俗套，显示不出自己有什么与众不同的地方；但是如果选择希特勒，回答不慎的话就有可能会招人批评甚至谩骂。沉吟片刻后，这位聪明的小姐果断地回答道："我会选择希特勒。"主持人和台下的观众都感到很惊愕，追问为什么，这位小姐巧妙地解释说："我希望自己能感化希特勒。如果我嫁给他，也许第二次世界大战就不会发生，也不会死那么多人了。"

这种机智聪慧的回答，让尴尬的状况一下子扭转过来，前景变得柳暗花明。这位香港小姐不但使自己摆脱了困境，更暗示了自己是一个不同凡响的女中豪杰。果然，此言一出，台下掌声雷动。虽然这位小姐不是台上所有的佳丽中最具姿色的，也不是最有气质的，但是她所获得的掌声肯定是其他人不能比拟的。而这一切，就归功于她的控场能力。

无论是生活还是工作中，一个人拥有出众的控场能力，便能更加轻易地引起别人的注意、获得别人的赞同，从而达到事半功倍的效果。对他们来说，优秀的控场能力就是他们胜人一筹的秘籍。正如美国人类行为科学研究者汤姆士所说："说话的能力是成名的快捷方式，它能使人显赫，鹤立鸡群。能言善辩的人，往往使人尊敬、受人爱戴、得人拥护。它使一个人的才学充分拓展、熠熠生辉、事半功倍、业绩卓著。"语言表达能力强、口才好可以充分地展示自己，有效地影响别人，也可以提高自我的生存发展能力，更好地实现自我价值。

这是一件发生在第二次世界大战中的真实故事。1944 年的平安夜，一个母亲和她的孩子正准备吃晚餐，突然门外传来一阵急促的敲门声。母亲打开门，见外面有五个英国军人，其中一个受伤了，躺在担架上。母亲让他们赶紧进来，并将伤员安置好。不一会儿，门外又传来一阵急促的敲门声，这位母亲开门一看，竟是几个年轻的德国军人。母亲犹豫了一会儿，还是让他们进了屋。接着，母亲对英国军人和德国军人说道："今晚你们都是我的儿子，请放下武器，把战争忘掉吧，让我们安静地过一个平安夜！"德国军人和英国军人思索良久，终于全都放下了武器。母亲这才放下心，到厨房去端烤鸡。当出来时，母亲看到了令她欣慰的一幕：德国军人正为英国军人清洗伤口。这一夜，他们谁也没有提起战争，也没有发生任何争执，他们平安过完了圣诞节。

故事中的这位母亲能够用一句话就让对阵的士兵将民族仇恨暂时放下，除了因其内心的善良、包容以及伟大之外，还体现出了她强大的控场能力及语言的震慑力。

控场是一门艺术，也是一种能力。生活中，掌握控场术的人能把普通平常的话题讲得引人入胜，而不谙控场术的人即使讲的内容再好，听起来也会觉得索然无味；善于控场者能把某些建议一说就通，而不善于控场者却连诉说的对象都没有。有人说："好胳膊好腿，不如长个好嘴。"这句话的确有道理，在某种情况下，"好嘴"确实能比"好胳膊好腿"创造出更大、更多的价值。这也是控场的真正价值和意义所在。

控场术，不论是在人际交往中，还是在我们的日常生活里；不论是影响别人，还是成就自己，都是特别关键的。生意场上有"金口玉言，利益攸关"之说；工作场合有"一语定乾坤"之说；生活中有"一言既出，驷马难追"之说。在西方有位哲人说过："世间有一种成就可以使人很快完成伟业，并获得世人的认识，那就是讲话令人喜悦的能力。"所以，一个善于说话、长于控场的人，常能引起别人的兴趣和注意。像这样的人，都可能成为伟大事业中的成功者。

控场的前提条件——让对方相信你是自己人

在人际交往中，彼此会相互影响。这种相互影响有时是无意的，有时则是有意的，即一方对另一方有意识地施加影响，以便矫正对方某种行为。有意施加影响的技巧很多，其中"自己人效应"便是其中之一。所谓"自己人"，是指对方把你与他归于同一类型的人。"自己人效应"是指对"自己人"所说的话更信赖、更容易接受。例如，同样一个观点，如果是自己喜欢的人说的，接受起来就比较快和容易。如果是自己讨厌的人说的，就可能本能地加以抵制。

在人际交往中，强大的控场者，都善于运用"自己人效应"来影响他人。运用"自己人效应"，从自己这个角度而言，就是要使交往的对方确认你是他的"自己人"。林肯曾经讲过：一滴蜜比一加仑胆汁能够捕到更多的苍蝇，人心也是如此。假如你要别人同意你的原则，就应先使他相信你是他的忠实朋友，即"自己人"。用一滴蜜去赢得他的心，你就能使他走在理智的大道上。

1860年，林肯作为美国共和党候选人参加总统选举，当时他最大的竞争对手是出身名门望族的道格拉斯。道格拉斯是个大富翁，他组建了一支豪华富丽的车队，用来沿路宣传演讲。当时，他得意扬扬地说："林肯那个乡巴佬哪里见过这种阵势，就让他开开眼，闻闻我的贵族气味。"

当时，林肯的支持者见道格拉斯如此强势，都为林肯担忧。然而，林肯一点也不惧怕。他登上支持者们为他准备的耕田用的马拉车，沿街发表竞选演说。

他这样说道："有人写信问我有多少财产。我有一个妻子和三个儿子，他们都是无价之宝。此外，我还租有一个办公室，里面有办公桌一张，椅子三把，墙角还有一个大书架，架上的书值得每个人一读。我本人既穷又瘦，脸蛋很长，不会发福，我实在没有什么可以依靠的，唯一可以依靠的就是你们。"

当他说完这些话，整个人群都沸腾了，他们欢呼着包围住林肯那架寒酸的马拉车，而道格拉斯那豪华的车队纵然有千万人观看，却没有几个支持者。最终，林肯在全国人民的支持下，顺利当选为美国总统。

林肯之所以竞选成功，就是因为他利用"自己人效应"达到了控场的目的，让民众把他当成了自己人，从而对他大力支持。因此，当我们向对方提出自己的观点或要求时，必须要让对方相信，你是自己人，让对方认为你是站在他这边的，你是真心为他着想的。这样，双方的心理距离拉近后，对方就会消除戒备，从而更容易接受你的观点和看法，甚至向你提供帮助，这也自然地达到了控场的目的。

公元前266年，赵惠文王死了，太子继位，因其年幼，由母亲赵太后掌权。秦国乘机攻赵，赵国向齐国求援。齐国说，一定要让长安君到齐国做人质，齐国才能发兵。长安君是赵太后宠爱的小儿子，太后不让去，大臣们劝谏，赵太后生气了，说："谁敢再劝我让长安君去齐国，老妇我就要往他脸上吐唾沫！"左师触龙偏在这时候求见赵太后，赵太后怒气冲冲地等着他。

触龙步伐缓慢地来到太后面前，说："臣最近腿脚有毛病，只能慢慢地走路，请原谅。很长时间没有来见太后，但我常挂念着您的身体，今天特意来看看您。"太后说："我也是靠着车子代步的。"触龙说："每天饮食大概没有减少吧？"太后说："用些粥罢了。"这样拉着家常，太后脸色缓和了许多。

触龙说："我的儿子年小才疏，我年老了，很疼爱他，希望能让他当个王宫的卫士。我冒死禀告太后。"太后说："可以。多大了？"触龙说："十五岁，希望在我死之前把他托付给您。"太后问："男人也疼爱自己的小儿子吗？"触龙说："比女人还厉害。"太后笑着说："女人才是最厉害的。"

这时，触龙慢慢把话题转向长安君，对太后说，父母疼爱儿子就要替他长远打算。如果您真正疼爱长安君，就应让他为国建立功勋，否则一旦"山陵崩"（婉言太后逝世），长安君靠什么在赵国立足呢？太后听了，说："好，长安君就听凭你安排吧。"于是，触龙为长安君准备了上百辆车子，到齐国做人质。接着，齐国也派兵救了赵国。

从触龙和太后之间的谈话中，我们可以看出触龙很懂得说服的方式和方法。在整个谈话过程中，他谦和、善解人意，尽量避免与太后正面冲突。同时，他又站在太后的角度想问题，让自己的意见变成太后自己的看法。他没有教太后需要做什么，而是帮助太后自己去发现。最终使看似没有商量余地的太后接受了自己的意见。

我们在说服别人的时候，首先要让人感觉到你是"自己人"，你在处处为他着想，他的心思你明白，这样就会让人解除开始的戒备心理，为你赢取主动。所以，说服别人按照你的建议去做，只是向人们提出好建议是远远不够的，还要强化和发挥"自己人效应"，让人们喜欢你，避免好的建议遭到拒绝，达到控场的目的。

控场者的最终目的——影响控制他人的言行

控场是一种先进的理论，也是一套实用的技术。在现代社会中，无论你处于什么角色，都需要与他人合作才能达到自己的目标。在很多情况下，你需要别人接受自己的想法、观点，然后，与你共同采取一致的行动，那么，这就需要具备控场的本领。

控场是一门艺术，也是一种心理学。纵观古今中外的演讲家、外交家、辩论家，他们都是控场术的实践者。控场的终极目标在于向对方的大脑传输想法，并制约对方的行为。

在某公司的一次例行会议上，小刘对经理关于质量问题的处理不是很满意。在经理征求大家意见的时候，小刘说："经理说得对，在产品质量方面，我们的确应当给予充分的重视，这是解决问题的前提之一。我认为，除此之外，我们还应当加强全体员工的质量意识。现在我观察到公司的员工的质量意识并不强，工作中有疏忽大意的倾向，这股风气必须刹住，否则质量问题是很难得到彻底解决的。"

"我想，如果我们对各级员工都进行质量意识培训，员工看到公司上层如此重视，自然也就重视起来了。如果真能这么做的话，解决这个问题是不费吹灰之力的，公司也能以更快的速度发展。"

听了这番话，经理不断点头，采纳了小刘的意见，并对他的这种敢于提意见的行为给予了肯定。

绝大多数人都希望能得到别人的承认和重视，不愿被别人否定。如果你想做一个主控者，改变对方的想法并制约对方的行为，在这个方面就应该注意，要学会采取认同对方的方法，对对方的观点表示赞同，并且加一些赞美之言，让对方的心理在这个方面得到满足，然后再指出他的不足之处，这样他就容易接受，并且还可能对你产生好感。

其实，控场是一种用口语表达思想感情的艺术，懂得控场术的人，才懂得与人的相处之道，懂得控场术的人不会勉强别人赞同自己的观点，他们往往是通过谈话巧妙地将别人的思想引导到自己的思想上来，来巧妙地说服别人。事实上也是如此，只有那些善于用贴切、生动的语言表达自己思想感情的人，做事才能够成功，反之，不懂得语言艺术的人，不懂得怎样说服别人，那些人最后只会使自己陷入困境，走向失败。

美国石油大王洛克菲勒的儿子小洛克菲勒是一位控场高手，在1915年处理一起工业大罢工时，他运用诚恳的演说，解决了与工人之间的矛盾。

当时，科罗拉多州煤铁公司的矿工为要求改善待遇，进行了罢工，因为公司方面处理不善，这次罢工又演变成流血的惨剧，劳资双方都走了极端。这次罢工持续了两年之久，成为美国工业史上一次有名的大罢工。小洛克菲勒最初使用军队镇压的高压手段，酿成了流血惨剧，不仅没有解决问题，反而使罢工时间更延长下去，使自己的财产受到更大损失。后来他改变方法，采用柔和手段，把罢工的事情暂时置之不谈。他深入到工人当中，亲自到工人家中慰问，使双方的情感慢慢转好。然后他叫工人们组织代表团，以便和资方洽商和解。他看出工人们已经对他稍稍释去了敌意，于是对代表们做了一次十分恳切的演说。就是这次演说，解决了两年来的罢工风潮。

在演讲中，小洛克菲勒说："在我有生之年，今天恐怕要算一个最值得纪念的日子。我十分荣幸，因为能和诸位认识。如果我们今天的聚会是在两个星期之前，那么，我站在这里就会是一个陌生人了，因为我对于诸位面孔的认识还只是极少数。我有机会到南煤区的各个帐篷里看了一遍，和诸位代表都做了私人的个别谈话；我看过了诸位的家庭，会见了诸位的妻儿老幼，大家对我都十分客气，完全把我看作自己人一般。所以，今天我们在这里相见，我们已经不再是陌生人而是朋友了。现在，我们不妨本着相互的友谊，共同来讨论一下大家的利益。这是使人感到十分高兴的。参加这个会的是厂方职员和工人代表，现在蒙诸位厚爱，我才能在这里和诸位相见并努力化解一切矛盾。这种伟大的友谊，我是终生不会忘掉的。大家的事业和前途，从此更是展开了无限的光明。今天虽然是代表着公司方面的董事会，可是，我和诸位并不站在对立的地位。彼此有关的生活问题，现在我很愿意提出来和大家讨论一下。让我们一起从长计议，获得一个双方都能兼顾到的圆满解决办法，因为，这是对大家有利的事。"

这段讲话展示了小洛克菲勒很好的控场能力，虽没有华丽词藻，但话语诚恳，具有感染力，引起了矿工的广泛共鸣，小洛克菲勒一下子使自己摆脱了困境。可见，控场是一种高超的艺术才能，具备了这种艺术才能，才能在工作和生活中掌握事态发展的主动权。

俗话说："好马出在腿，能人出在嘴。"如果你想提高自己的控场能力，只有好好利用好你的三寸利舌，并掌握必要的技巧，学会随机应变，才能恰到好处地运用控场术，把控场的威力最大化，从而成功地制约别人。

唯有自信的人，才能控制住场面

控场的能力与一个人的自信有直接的关系。在与人沟通中，只要你充满自信，你就能口若悬河，滔滔不绝，掌控场面；如果你丧失自信，即使满腹经纶，也难吐一言，失场于人前。

所谓自信，即自己相信自己，是人们赞赏、重视、喜欢自己的一种有益态度。拿破仑·希尔指出，有很多思路敏锐、天资高的人，却无法发挥他们的长处参与讨论。并不是他们不想参与，而只是因为他们缺少信心。一个人没有自信，从某种程度上说就是对自己不信任，那么，在沟通中，别人在主观上对你就会有种忽视，这样是不利于与他人建立良好的、公平的人际关系的。一个人如果没有自信，那么这个人的言语的影响力就弱，所要表达的想法就不会被有效的传达，也不利于和他人进行有效的沟通。

自信是一个人的无价资产和成功资本。一个人有没有自信心，几乎是决定他一生是否有成就的重要指标。美国作家爱默生说过："自信是成功的第一秘诀。"在与他人沟通时，你的自我感觉会在很大程度上影响着别人如何看待你。如果你心里都觉得自己"不行"，那么你让对方如何赏识你，与你继续沟通下去呢？所以说，培养一种自信的感觉是非常重要的，它会让你在与人沟通的过程中受益无穷。

一个人有没有自信，是完全可以通过说话判断出来的。如果你能把自己的想法或愿望清晰、明白地表达出来，那么说明你的内心一定具有坚定的信心和明确的目标，同时你充满信心的话语也会感染他人，吸引他人的注意力，还会对你的事业发展有着巨大的推动作用。

自信具有很强的影响力。大凡成功者，不仅自己具有很强的自信心，而且他们甚至能够将自己的自信化作一种影响他人的气场，帮助别人树立信心，并获得别人的认同和支持。

一个叫黄美廉的女子，自小就患上脑性麻痹症。此病状十分惊人，因肢体失去平衡感，手足便时常乱动，眯着眼，仰着头，张着嘴巴，口里念叨着模糊不清的词语，模样十分怪异。这样的人其实已失去了语言表达能力，不亚于哑巴。

但黄美廉硬是靠她顽强的意志和毅力，考上了美国著名的加州大学，并获得了艺术博士学位。她靠手中的画笔，还有很好的听力，来抒发自己的情感。

在一次讲演会上，一个不懂世故的中学生竟然这样提问："黄博士，你从小就长成这个样子，请问你怎么看你自己？"在场的人都在责怪这个学生不敬，但黄美廉却十分坦然地在黑板上写下了这么几行字："一、我好可爱；二、我的腿很长很美；三、爸爸妈妈那么爱我；四、我会画画，我会写稿；五、我有一只可爱的猫；六……"最后，她再以一句话作结："我只看我所有的，不看我所没有的！"

不愧是黄博士！她以自己的实践，道出了走好人生路的真谛：人需要自信，要接受和肯定自己。

由此可见，一个人是否拥有自信，特别在与人交流的时候，显得至关重要。通常情况下，一个说话自信的人，他知识广泛、头脑灵活、判断力强、信心十足，说话富有磁性而有吸引力，同时，他还能在各种谈话场合中，得心应手，滔滔不绝，赢得别人的认同和赞扬。

以下是帮助人们建立自信的几种方法：

1. 为自己确立目标

确立目标既是事业成功的需要，也是激发人的潜力、最大化地创造价值的需要，所以，一定要有目标，有了目标，你就会想方设法为达到目标而努力，因而就不会为是否自信以及目标以外的事情所烦恼。其实，设立目标本身就是自信心的一种表现，你在心中有了目标，你的潜意识就会调动你所有的能量，为实现目标而努力。但在制定目标时要注意，一定要使目标切合自己的实际，不要好高骛远。否则，一旦目标实现不了，你就会因此而产生挫败感，从而打击你的自信，使你丧失信心。

2. 正确看待自己的优缺点

信心不足的人总是看到自己的缺点，而很少看到自己的优点。总喜欢用自己的缺点与别人的长处相比较，常常导致情绪低落，自信心缺乏。其实，我们不需要为自己的不足而整天自责，而要相信"天生我材必有用"，即使自己因失败而陷入自责时，请你提醒自己，换一个角度看问题，把它变成表扬。心理学家告诉我们，做自己的伯乐，善于发现自己的优点，及时激励自己，你的自信心一定会大增。

3. 轻易不要放弃

信心是在不断的努力、不断的进步中逐步建立的，中途放弃、半道而废，是造成你缺乏自信的重要原因。所以，凡是你认为应该做而且已经着手做了的事情，就不要轻言放弃。

4. 学会自我激励

人的自信是一种内在的东西，需要由你个人来把握和证实。所以，在建立自信的过程中，一定要学会自我激励。自我激励，就是要给自己一个习惯性的思想意念。别人能行，相信自己也能行；其他人能做到的事，相信自己也能做到。平时要经常激励自己："我行，我能行，我一定能行"，"我是最好的，我是最棒的。"特别是遇到困难时要反复激励告诫自己。这样，就会通过自我积极的暗示机制，鼓舞自己的斗志，增加心理力量，使自己逐渐树立起自信心。

5. 睁大眼睛，正视别人

不敢正视别人，意味着自卑、胆怯、恐惧；躲避别人的眼神则反折射出阴暗，不坦荡心态。正视别人等于告诉对方："我是诚实的，光明正大的；我非常尊重你。"因此，正视别人，是积极心态的反映，是自信的象征更是个人魅力的展示。

避免争论，全身而退

人和人之间就某件事产生分歧是非常正常的。很多人在产生分歧之后首先想到的是争论甚至争吵来达到占据主动的控场目的，这似乎也是正常的。但正是这种似乎正常的解决办法却恰恰是最糟糕的办法。其实，最好的控场方法就是避免争吵。

让我们看看一家餐馆里发生的一幕：

"服务员！你过来！你过来！"顾客高声喊，愤怒地指着杯子说，"看看！你们的牛奶是坏的，把我一杯红茶都糟蹋了！"

服务员笑道："真对不起！我立刻给您换一杯。"

新红茶很快就准备好了，碟边跟前放着新鲜的柠檬和牛乳。服务员轻轻放在顾客面前，又温柔地说："我是不是能建议您，如果放柠檬，就不要加牛奶，因为柠檬酸会造成牛奶结块。"

顾客的脸，一下子红了，匆匆喝完茶，走了出去。

有人笑问服务员："明明是他孤陋寡闻，为什么不和他辩解呢？他那么粗鲁地叫你，你为什么不还以颜色？"

"正因为他粗鲁，所以要不争论；正因为道理一说就明白，所以用不着大声！"服务员说，"理不直的人，常用气壮来压人。理直的人，要用气和来交朋友！"

争辩不能起到任何作用。当人们面红耳赤地争辩时，说起话来就会不管不顾，也忘了是否会伤害对方。所以，遇到争论时，你最好能尽量忍在心里，不要爆发，用理智来抑制激情，这样才能使大事化小，小事化无，达到控场的目的。

人有一个通病，不管有理没理，当自己的意见被别人直接反驳时，内心总是不痛快，甚至会被激怒，心理学家指出，用争论的方法不能改变别人，而只会引起反感；争论所引起的愤怒常常引起人际关系的恶化，而所被争论的事物依旧不会得到改善。所以，如果你不想树立对立情绪，而想搞好人际关系，请记住：永远避免同别人争论。

本杰明·富兰克林年轻的时候其实非常喜欢与人争论。当时他与镇上一个小伙子关系很好，两个人在一起的时候，常常争得面红耳赤。他们都非常喜欢辩论，很想驳倒对方，获得片刻的成就感。

这种嗜好让他养成了一种习惯，那就是在和人讨论的时候，他常常会不自觉地去寻求一种与对方不同的意见——不管是对还是错。后来，富兰克林发现，除了一些律师、大学生和一些特别的人外，对一般人而言，这其实是一种非常不好的习惯。就像他，常常因为这种习惯而得罪人。于是，富兰克林决定改变这种好争论的习惯。当他致力于提高自己的语言水平的时候，他看到了一本分析英语语法的书，其中有一篇关于逻辑的文章，有一个苏格拉底论证的实例，这让他受益匪浅。不久之后，富兰克林又找到了《回忆苏格拉底》一书，里面有大量的苏格拉底式的论辩的实例。富兰克林接受了这种方法，放弃了率性的反驳和绝对的争辩，从而让自己成为一个谦逊的提问者和怀疑者。这使得富兰克林彻底改变了自己在人们心目中的形象。

是的，永远不要与人进行无意义的争辩，那只会引起别人的反感。如果你与人争辩的动机，是出于想要证明自己是对的、为自己辩白、或赢得听众的信服，那么你的行为太自私了，永远不会得到别人的欢迎。

所以，当你们要与人争辩前，不妨先考虑一下，你到底要什么呢？一个是毫无意义的"表面胜利"，一个是对方的好感。

位于美国纽约自由街114号的麦哈尼公司，是一家专门经销石油工业非标准设备的公司。有一次，该公司接受了长岛石油集团公司的一批订单。长岛集团在石油界举足轻重，是麦哈尼公司的重要顾主。麦哈尼公司接受订单后不敢怠慢，抓紧时间把图纸设计好，送长岛石油集团公司去审核。图纸经石油公司的总工程师批准后，麦哈尼公司开始动工制造。

然而，不幸的事情发生了：那位顾主是长岛石油集团公司的订货人，他在出席朋友家的私人宴会时，无意中谈起了这批订货。几位外行人竟然信口雌黄，说什么设计不合理、价格太贵等缺陷，大家七嘴八舌、叽叽喳喳。不负责任的流言飞短流长，使这位顾主产生被人欺骗了的感觉。这位顾主开始时六神无主，继而觉得真有其事，最后竟拍案而起，勃然大怒。他打电话给麦哈尼先生，大发雷霆，把麦哈尼公司臭骂一顿，发誓不接受那批已经开始制造的非标准设备。说完，啪的一声，把电话挂断。

电话那头，麦哈尼先生呆若木鸡。他被骂得丈二和尚，摸不着头脑。他还没来得及转过神，没有申辩一句，顾主就把听筒撂了。

麦哈尼先生从事石油非标准设备制造多年，经验丰富，是一位懂技术的经理。他把蓝图拿来，一一对照仔细检查，看不出半点纰漏。凭经验，他确认设计方案无误，于是就乘车去长岛公司求见那位顾主。在路上，他想，如果我坚持自己是正确的，并指责顾主在技术上错误的认识，那么必将激怒顾主，激化矛盾，使事态变得更加严重。当麦哈尼先生心情平静地推开顾主办公室的门时，那位顾主立刻从椅子上跳起，一个箭步冲过来，噼里啪啦数落了一顿。他一边龇牙咧嘴，一边挥舞着拳头，气势汹汹地指责着麦哈尼公司。

在一个失去理智的人的面前，麦哈尼先生不气不恼，两眼平静地注视着对方，一言不发。也许是麦哈尼先生不温不火的态度感染了顾主，使顾主发现自己对一个心平气和的人发火是没有道理的。他突然停止了指责，最后耸耸肩，两手一摊，用平常的声音说了一句："我们不要这批货了，现在你看怎么办？"麦哈尼公司为这批订货已经投入了 2 万美元。如果对方不要这批货了，重新设计制造，公司就要损失 2 万多美元；如果与对方打官司，就会失去这家重要的顾主。麦哈尼先生是一位出色的销售员，当顾主大肆发泄一通后，问他："好吧。现在你看怎么办？"麦哈尼先生心平气和地说："我愿意按照您的意愿去办这件事。您花了钱，当然应该买到满意合用的东西。"麦哈尼先生只用两句话，就平息了顾主的冲天怒气。他接着开始提问："可是事情总得有人负责才行，不知这件事该您负责，还是该我负责。"平静下来的顾主笑着说："当然得你负责，怎么要让我负责呢？"

"是的。"麦哈尼说，"如果您认为自己是对的，请您给我张蓝图，我们将按图施工。虽然目前我们已经花去 2 万美元，但我们愿意承担这笔损失。为了使您满意，我们宁愿牺牲 2 万美元。但是，我提请您注意，如果按照您坚持的做法去办，您必须承担责任，如果让我们照着计划执行——我深信这个计划是正确的，我负一切责任。"

麦哈尼先生坚定的神情、谦和的态度、合情合理的谈话，终于使顾主认识到他发脾气是没有道理的。他完全平静下来以后说："好吧，按原计划执行，上帝保佑你，别出错!"结果当然是麦哈尼先生没有错，按期交货后，顾主又向他们订了两批货。

麦哈尼先生说："当那位顾主侮辱我，在我面前挥舞拳头，骂我是外行时，我必须具备高度的自制力，绝对不能与他正面冲突。这样做的结果很值得。要是我赤裸裸地直接说他错了，两人争辩起来，很可能要打一场官司。那时的结果是：感情和友谊破裂，金钱受到损失。最终失去一位重要的顾主。在商业交往中，我深深相信，与顾客争吵是划不来的。"

生活中，很多人喜欢争辩，对一个问题，一个观点，争得脸红脖子粗，大有针尖对麦芒之势。或许一时争论的胜利，会让你觉得占了上风，掌控了整个场面，但实际上你还是没有达到控场的目的。为什么?如果你的胜利使对方的论点被攻击得千疮百孔，证明他一无是处，那又怎么样?你会觉得洋洋得意；但对方呢?他会自惭形秽，你伤了他的自尊，他会怨恨你的胜利。而且一个人即使口服，但心里并不服。因此，争论是要不得的，甚至连最不露痕迹的争论也要不得。如果你老是抬杠、反驳，即使偶尔获得胜利，却永远得不到对方的好感。所以，真正赢得胜利的控场方法不是争论，而是不要争论。

占据主动，在辩论中取得胜利

社会矛盾无时不有，无处不在。面对各种各样的社会矛盾，人们总是按照自己的立场、观点、思想、信念去发表自己的意见，因此论辩便成了一种经常使用的言语交际形式。留心我们周围，争辩几乎无所不在：一场电影，一部小说，一个特殊事件，某个社会问题都能引起争辩；甚至连某人的发式与妆饰也能引起争辩。从某种意义上看，不同见解的争辩过程就是寻求真理的过程。

目前在校生近视眼发病率很高，王医生认为主要是个卫生问题，是用眼不卫生引起的。李医生则认为主要是个教育问题。

王医生："近视眼大多是由看书时间过长。看书姿势不正确等用眼不卫生引起的，自然是个卫生问题。"

李医生："你想过没有，如果学生压力不重，学生会长时间看书吗？"

王医生："也会呀，他们也许会长时间看课外书。"

李医生："既然这样，学校又为什么不加强用眼卫生教育呢？"

王医生："可能教育了没起作用嘛。"

李医生："教育居然不起作用，这难道还不是一个教育问题吗？"

显然，在这场论辩里，李医生是个胜利者，他巧妙地把王医生的观点引入自己的观点之中：即便是个卫生问题，也首先是一个卫生教育问题，从而还是一个教育问题。

辩论，就是为了探求真理，坚持真理，维护真理而相互劝说。然而由于争论的任何一方都想推翻对方的看法，占据主动，树立自己的观点，故此，辩论和寻常说话不同，它是带有"敌意"的语言行为，因而有所谓唇枪舌剑之说。于是，大凡争论留给我们的印象都是不愉快的，最容易使我们良好的交际愿望落空。因此，必须把头脑放得很冷静，态度很沉着。心平气和，是你应该把握的秘诀，成功的人，常在暗中克服他人的意志，而绝不涨红了面孔来大声争论。

辩论欲求胜利，应该使自己的知识范围扩大得很广泛，你的知识愈广，见闻愈多，那么材料也愈丰富，自然辩驳起来，也更能顺利。因为事理的真相，需要用各方面的证据来证实，你的知识领域狭小，那么你一定强于应付，而很容易流入于意气之争了。

另外，辩论是语言的角逐，是智慧的较量。一个辩论者想要在藏机露锋、诡谲多变的辩论疆土上纵横驰骋，就必须掌握辩论技巧。

下面介绍几种辩论的方法：

1. 揭露矛盾法

揭露出对方论辩中的自相矛盾。自相矛盾违反的是同一原则，因而自相矛盾的理论是不能成立的。在反驳中，对自相矛盾的议论不需要用其他论据去反驳，只要"以子之矛攻子之盾"就足以置论敌于死地，而且论敌连狡辩的办法都没有。

有一个年轻人对科学研究有很高的热情和远大的抱负，有一天他对大发明家爱迪生说："我想发明一种万能溶液，它可以溶解一切物品。"爱迪生风趣地反问："那么你想用什么器皿放置这种万能溶液呢？它不是可以溶解一切物品吗？"这个年轻人被问得哑口无言。

年轻人之所以被爱迪生问得无言以对，是由于他说的要发明一种能溶解一切物品的溶液，这句话本身就否定了自身的真实性。因为这种溶液既然能溶解一切物品，就没有一种物品能装载它，自然就不可能有这样的溶液。

2. 诱人圈套提问法

这种提问的目的是使对方落入自己设计的圈套，从而迫使对方承认或否定某种观点。

有这样一个幽默故事：

哈利："老师，您会因一个孩子没有做某事而责备他吗？"

老师："当然不会。"

哈利："那好，我没做家庭作业。"

这个故事中，哈利设计了一个圈套，巧妙地利用概念含义不明来钻空子。问句中的"某事"是一个未作任何限定的概念，它可以指任何事，可以指好事，也可以指坏事。而这位老师又恰恰忽视了"某事"这一概念含义的模糊性，一不小心就陷入了哈利的圈套，被学生说得无言以对。

3. 设定条件回答法

有时对方的提问，在不同条件下会有不同答案。对这样的问语就不能无条件地回答，而是要先设定条件，做出有条件的回答。

《阿凡提的故事》中有这样一个故事：

有一次，国王为了难住阿凡提，问道："这条河里的水有多少桶？"阿凡提答道："这就要看您的桶有多大。如果桶与这条河一半大，那就有两桶水……"

阿凡提不愧为智者，答得很巧妙。对于这样无法回答的问题，阿凡提设定出国王无法明确的条件下的回答，机智地回击了国王的诘难。

4. 示物反驳法

所谓示"物"反驳法，就是适时、适事地当场拿出具体的"实物"来反驳对方的一种方法，其特点是反驳形象直观，可见可感，让人无可置辩。

一次上手工课，爱因斯坦把自己做的一张很不像样的"板凳"交给了老师。老师看后很生气，举着板凳问孩子们："你们见过比这更糟糕的凳子吗？"小朋友们都一个劲地摇头。但爱因斯坦却从课桌里拿出了两张板凳："这是第一次和第二次制作的。刚才交给教师的已是第三张板凳了。显然它做得并不好，但比这两张好多了。"结果，老师被说得哑口无言。

当然，作为小小年纪的爱因斯坦，他当时并不会想到要用什么方法来反驳老师的话，但他的反驳确实使用了一种方法，那就是

"示"物"反驳法"。示"物"反驳法直截了当，简洁有力。正如人们常说的那样，"事实胜于雄辩"，在具体实物面前，即使再蛮横，再能说会道的人，他也不能置事实于不顾，"睁着眼睛说瞎话"。

5. 比喻反驳法

通过比喻的方式把抽象的道理浅显化，可以省去许多口舌。适当地将比喻法运用到反驳中，可以把道理讲得更具体、更生动、更通俗，也更加鲜明有力。

有一次，著名作家刘绍棠在国外发表演讲时，有人问道："共产党这么英明伟大，为什么就不能容纳一点点自由化的东西呢？"

刘绍棠没有直接反驳，而是大声问道："你们看我的身体怎么样？"

听众见他身材魁梧，红光满面，众口一词："很健康！"

刘绍棠接着说："谢谢！尽管我刘绍棠如此壮实，但是，要让我去吃苍蝇，我是决不干的！"

听众热烈地鼓起掌来。

刘绍棠的反驳思路是：英明伟大的共产党不能容纳（西方反华势力所鼓吹的）自由化，就好比健壮的身体决不吸收害人的苍蝇一样。这就比直接用讲道理的方式来反驳更巧妙，更省事，也更有力度。

说服他人改变想法，说服即是被制约

在现代社会中，无论你处于什么角色，都需要与他人合作才能达到自己的目标。在很多情况下，你需要别人接受自己的想法、观点，然后，与你共同采取一致的行动，那么，这就需要具备说服他人的本领。其实，很多成功者都是善于说服别人的天才，能言善辩是他们取得成功的前提条件。当然，一个人做到能说会道绝不是一件容易的事，它是需要技巧的。只有掌握了技巧，才能更有效地说服别人。

战国后期，秦国围攻赵国首都邯郸，赵国无力解围。于是，赵王派相国平原君到楚国，希望楚国能够跟赵国联手，共同对抗秦国。平原君带了 20 个随员，其中就有毛遂。

到了楚国后，平原君拜见楚王，跟他商谈联手之事。可是，他们从一大早就开始谈，一直谈到中午，也没谈出个所以然来。随员们都等急了，在外边不住地转来转去。

这时，毛遂手握宝剑，走到楚王面前，义正词严地说道："商汤以七十里之地而统一天下，周文王以三十里之地而收服诸侯，他们取得成功，难道是因为他们人多势众吗？他们之所以能够取得那样的战果，是因为他们善于掌握形势，并且能够充分发挥自己的威力。现在，楚国方圆五千里，军队有百万之多，这正是争王夺霸的资本。以楚国的强大，天下没有哪个国家可以争锋抵挡。秦将白起，是一个庸劣无知的小人，他带几万人攻打楚国，攻下楚国的都城，焚烧楚先王的墓地，楚王被迫迁都。这真是不共戴天的深仇大恨，赵国都为楚国感到羞耻，而你身为楚国嗣君，反而一点都不惭愧。联合抗秦，既是为了解赵国之围，也是为了楚国报仇雪恨，望楚王能够快下决定，早日发兵。"

毛遂的这几句话，正好说到楚王的心里去了。他先恭维楚国的强大，让楚王没有后顾之忧，并且以商汤和周文王为例，让楚王心中顿生豪迈之情。接着，毛遂又以楚国迁都、祖坟被毁为由，激起了楚王的自尊心，使楚王产生了与秦国势不两立的念头。

最后，毛遂又指出，联手抗秦不仅是为赵国着想，对楚国也是非常有利的。至此，毛遂说服了楚王，使楚王出兵，打退了秦国，解了赵国之围。

平原君说了半天，也没有使得楚王点头，而毛遂用简简单单的几句话就打动了楚王的心，为什么呢？主要是毛遂抓住了问题的关键，把话说得在情在理。

由此看来，说服别人是一种高超的控场术，具备了这种能力，才能在工作和生活中掌握事态发展的主动权。

说服别人接受自己的观点、意见、办法等，是一种复杂而困难的行为。而人类社会交际中又时时、处处离不开说服，在某种程度上它决定了一个人的命运。

你的魅力就在于能够让别人对你产生信任，让他释解自己的防御心理。如果一名汽车销售员来拜访你时，你一定会首先想到："这家伙又来向我推销汽车了。"并且，纵使他说得再动听，你心里也会有自己的一道防线，这是很正常的防御心理，就看你如何去打开别人的心扉了。

有一个女出租车司机把一个男青年送到指定地点后，不料那个男青年却掏出尖刀逼她把钱都交出来。女司机装作害怕的样子，交给歹徒300元钱，说："今天我就挣这么点儿，我还有一把零钱也给你吧。"说完又拿出20元零钱。见女司机如此爽快，歹徒有些迷惑。女司机见自己说中了他的弱点，接着又说："你家在哪儿住？我送你回家吧。这么晚了，家人肯定等着急了。"见女司机是个女子又不反抗，歹徒便把刀收了起来，让女司机把他送到火车站去。

趁气氛缓和的时机，女司机又不失时机地启发歹徒："我家里原来也非常困难，咱又没啥技术，后来就跟人家学开车，干起这一行来。虽然挣钱不算多，但日子还算过得去。何况自食其力，穷点儿也不怕谁笑话！"见歹徒沉默不语，女司机继续说："唉，男子汉四肢健全，干点儿啥都差不了，走上这条路一辈子可就毁了。"

火车站到了，见歹徒要下车，女司机又说："我的钱就算帮助你的，用它干点正事吧，以后别再干这种见不得人的事了。去学一门技术再自食其力吧！"一直不说话的歹徒听罢，突然哭了，把300多元钱往女司机手里一塞说："大姐，我以后饿死也不干这种事了。"说完，低着头就跑了。

女司机将心比心，缓解了双方的紧张关系，又进一步抓住其弱点进行感化，使歹徒感到被尊重，这样就产生了一种改过自新的志向。

　　每个人心里都有对事物的看法，只不过是各人的看法存在某些差异。从心理学的角度讲，对人的心理进行劝导、说服对方，才能真正让别人认可你自己的观点。但人的心理因素是复杂而细腻的，心理因素常常会受到情绪的影响。所以说服他人也需要采用巧妙的方法，这样才容易让对方接受。

　　人与人的观念和意见不可能都是相同的，如果沟通中遇到与自己的意见不一致的情况，不能采取强制的方式让对方与自己保持统一。智慧的方法是，通过准确、完整地表述自己的意见及其理由，让人心悦诚服地接受你的意见。

　　第二次世界大战的时候，美国军方推出了一个保险，这个保险是什么内容呢？如果每个士兵每个月交10美元，那么万一上战场牺牲了，他会得到1万美元。这个保险出来以后，军方认为大家肯定会踊跃购买。结果他们就把命令下到各连，要每个连的连长向大家宣布这种险种已经出现了，希望大家购买。

　　这时其中的一个连，按照上级的命令，把战士们召集到一起，向大家说明这个情况，可是这个连没有一个人购买这种产品。连长就纳闷了说："这可怎么办？怎么会是这个样子呢？"

　　大家的心理其实也很简单，在战场上连命都将要没有了，过了今天都不知道明天在哪里了，我还买这个保险有什么用呀？10美元还不如买两瓶酒喝呢！所以大家都不愿意购买。

　　这时连里的一个老兵站起来说："连长，让我来和大家解释一下这个保险的事情。我来帮助你销售一下。"

　　连长很不以为然："我都说服不了。你来能有什么办法呀？既然你愿意说，那你就来试一试吧。"

　　这个老兵就站起来对大家说："弟兄们，我和大家来沟通一下。我所理解的这个保险的含义，是这个样子的，战争开始了，大家都将会被派到前线上去，假如你投保了的话，如果到了前线你被打死了，你会怎么样？你会得到政府赔给你家属的1万美元；但如果你没有投这个保险，你上了战场被打死了，政府不会给你一分钱。也就说你就等于白死了，是不是？各位你们想一想，政府首先会派战死了需要赔偿1万美元的士兵上战场，还是先派战死了也白死的不用赔给一分钱的士兵上战场呀？"

老兵这一番话说完之后是什么结果？全连弟兄纷纷投保，大家都不愿成为那个被第一个派上战场的人。

当然，这个故事有点黑色幽默的成分在里面，不过，让我们设身处地地想一想，如果你是一名士兵，处于战火纷飞的战场上，听了这老兵的这番话，你会购买吗？估计你也得乖乖地把钱掏出来吧？

懂得控场术的人，懂得相处之道的人，他不会勉强别人与自己有相同的观点，而会巧妙地把他人的思想引导到自己的思想上来。那些善于用口语准确、贴切、生动地表达自己思想感情的人，办事往往圆满。反之，不懂得语言艺术的人，最后自己也会陷入困境。

很多时候，你的阅历、见识、内涵就体现在你的谈吐上。说服力能够使你的价值充分体现、焕发光彩。所以拥有出色的说服力，可以吸引他人更加关注自己，进而了解自己，从而为自己的才华找一个展示的舞台。

无时无刻不在的思维操控

生活中，很多人其实经常使用着思维操控，或操控别人，或接受别人的操控，或进行自我操控。这种思维操控，我们又称之为心理暗示，它是指用含蓄、间接的方式，对别人的心理和行为产生影响，是人们日常生活中，最常见的心理现象。一个人在社会人际交往中无时无刻不在接受别人的暗示，也无时无刻不在暗示别人，从而使人与人之间产生相互影响和相互作用。积极的心态，如热情、激励、赞许或对他人有力的支持等等，使他人不仅得到积极暗示，而且得到温暖，得到战胜困难的力量。反之，消极的心态，如冷淡、泄气、退缩、萎靡不振等等，则会使人受到消极暗示的影响，使人承受的不仅仅是暗示带来的痛苦与压力，而且还会波及人的身体健康。

1960 年哈佛大学的罗森塔尔博士，曾在加州一所学校做过一个著名的实验。新学年开始时，罗森塔尔博士让校长把三位教师叫进办公室，对他们说："根据你们过去的教学表现，你们是本校最优秀老师，因此，我们特意挑选了 100 名全校最聪明的学生组成三个班，让你们教，这些学生的智商比其他学生都高，希望你们能让他们取得更好的成绩。"

三个老师都高兴地表示一定尽力，校长又叮嘱他们："对待这些孩子，要向平时一样，不要让孩子或家长知道他们是被特意挑选出来的，"老师都答应了。

一年之后，这三个班的学生成绩果然排在整个学区的前列，这时，校长告诉了老师们真相，这些学生并不是特意选出的最聪明的学生，只不过是随机抽调最普通的学生，老师们没想到会是这样，都认为自己的教学水平确实高，这时校长又告诉他们另一个真相，那就是他们也不是特意挑选出的全校最优秀的教师，也不过是随机抽调的普通老师罢了。

这个结果正是博士所料到的，三位老师都认为自己是最优秀的并且学生又都是高智商的，因此对工作充满了信心，工作自然非常卖力，结果当然是好的。

这就是著名的罗森塔尔效应，实验说明，对人进行积极的心理暗示，其结果往往是会向好的方面发展。美国著名心理学专家约瑟夫·墨菲曾说："不管你的意识做出任何的假设和默许，你的潜意识都会接受，并且会实现这样一个意向。"而事实上也确实如此，世界上发生过很多这样的事情，当一个人不断地运用积极的信号来暗示自己或对方的时候，自己或对方就会受到一定程度的感染，并且会得到一个较好的结果。

在与人沟通中，我们也可以利用罗森塔尔效应来影响、控制他人的言行，达到控场的效果。

　　罗杰·罗尔斯是美国纽约的第53任州长，也是纽约历史上的第一位黑人州长。他出生在纽约的贫民窟，那里环境肮脏，充满暴力，是偷渡者和流浪汉聚集地。在这儿出生的孩子，从小就耳濡目染逃学、打架、偷窃甚至吸毒等事，长大后很少有人获得体面的职业。然而，罗杰·罗尔斯是个例外，他不仅考入了大学，而且成了州长。在就职的记者招待会上，到会的记者提出了一个共同的问题：是什么把你推向州长宝座的？面对300名记者，罗尔斯对自己的奋斗史只字未提，他仅说了一个非常陌生的名字——皮尔·保罗。后来人们才知道，皮尔·保罗是罗尔斯上小学时的一位校长。1961年，皮尔·保罗被聘为诺必塔小学的董事兼校长。当时正值美国嬉皮士流行的时代，他走进诺必塔小学的时候，发现这儿的孩子比"迷惘的一代"还要无所事事，他们不与老师合作，旷课、斗殴，甚至砸烂教室的黑板。皮尔·保罗想了很多办法来引导他们，可是没有一个奏效。后来他发现这些孩子都很迷信，于是在他上课的时候就多了一项内容——给学生看手相。凡经他看过手相的学生，没有一个不是州长、议员或者富翁的。当罗尔斯从窗台上跳下，伸着小手走向讲台时，皮尔·保罗说，我一看你修长的小拇指就知道，将来你是纽约州的州长。当时，罗尔斯大吃一惊，因为长这么大，只有他奶奶让他振奋过一次，说他可以成为五吨重的小船的船长。这一次，皮尔·保罗先生竟说他可以成为纽约州的州长，着实出乎他的意料。他记下了这句话，并且相信了他。从那天起，纽约州州长就像一面旗帜飘扬在他的心间。他的衣服不再沾满泥土，他说话时也不再夹杂污言秽语，他开始挺直腰杆走路，他成了班长。在以后的几十年里，他没有一天不按州长的身份要求自己。51岁那年，他真的成了州长。

　　罗杰·罗尔斯之所以成为州长，其成功固然有个人的努力，但在某种程度上与校长对他的积极暗示——"我一看你修长的小拇指就知道，将来你是纽约州的州长"这一句话是分不开的。在现实生活中，如果你想左右他人情绪和行为，就要学会用顺心、悦耳的语言对对方的心理和行为产生影响，从而诱导对方顺着你的本意产生一定的认识，或接受一定的意见，使其思想、行为与你的期望相符，从而达到自己的目的。

2 控场与气场

用你的气场赢得朋友、震撼对手

人与人交往，是气场与气场的较量。不是你影响对方，就是对方影响你。气场强大，你就是人生的掌控者与操盘手。用气场感染人、影响人、说服人；让别人喜欢你、佩服你、感激你。善于控场的人往往具有强大的气场。

若想有效控场，必须要有强大的气场

在最近几年，"气场"越来越受到人们的关注，它已经成为全世界高端人物都在运用的成功秘密——从世界首富比尔·盖茨到美国总统奥巴马；从世界最著名的脱口秀主持人奥普拉到阿里巴巴集团创始人马云；从官方新闻到足球世界杯——全世界都在讨论它，评价它。气场如同一面镜子，不仅能够反映出一个人对周围人群的影响力，而且还能从这些微小的细节中折射出这个人的才能和智慧。

气场是每个人独一无二的精神名片，直接呈现一个人气质、学识、修养、品味的综合魅力指数。古今中外，大凡是能站在成功巅峰的人，多是因为他们拥有强大的气场。强大的气场不仅赋予了他们热情洋溢的性格，而且赋予了他们强大的行动力和影响力。

20世纪70年代，一名男孩和自己的父亲参加好莱坞电影明星到场的豪华酒会。当时，到处都是奢侈的装饰品，漂亮的女明星，还有很多衣冠楚楚的大商人和政治家，可以说参加酒会的都是社会的上层人物，但是，当一个女人出场的时候，所有刚才的富贵和奢华都变得暗淡无光，她的光芒四射，气质压人，每个人的目光都集中在这个女人身上，并且情不自禁地向她走过去，希望能够和她握手，与她交谈，和她成为朋友，哪怕能得到她的注意也是一件很兴奋的事情。

这个女人的身影和面容，甚至当时的场景，让这名小男孩儿记忆犹新，后来，当小男孩儿大一些的时候，才知道当时那位女士就是当时最著名的演员"玛丽莲·梦露"，一个不论出现在哪里都会立刻吸引所有人注意的女人，她会夺取所有人的目光，集万千宠爱于一身。

强大的气场是一个人的存在感和吸引力之所在，是他身上无与伦比的光环。生活中，我们一定遇到过这样的情况：有的人一走进房间，人们就会不自觉地给他让道，或者不约而同将目光投向他。这些人能轻易融入到一场谈话当中，并成为人群的中心。只要他们一发言，人们不是报以掌声，就是随声附和；只要他们一提问，人们立刻就会给出答案。这些人从容自信，说话清晰且有说服力。即便顶着压力，他们也能才思敏捷。他们有担当、有魄力；他们言行一致，魅力十足；他们是话题的引导者，表现出了令人信服的领袖气质。为什么这些人会有如此强的吸引力呢？因为他们有着强大的气场。

三国时期，魏国曹操统一了中国的北方之后，声威大振，很多部落纷纷依附。其中，一个匈奴国王派使者送给曹操很多宝贝，同时，使者还有一个任务，就是观察曹操这个人到底怎么样，是不是做皇帝的人才，值不值得匈奴国王依附，于是，使者要求见曹操一面。曹操觉得自己长得很丑，又很矮，怕压不住匈奴使者，让匈奴王觉得自己好欺负而暗怀反心。于是，他就把一个叫作崔琰的谋士叫来，让他坐在自己的床上接见那个使者。崔琰可是一个眉目清秀、身材高大、气宇轩昂的人，而曹操自己则拿了一把大刀站在床边装成侍卫的模样。

接见完毕，魏王曹操派人去问匈奴王的使者，觉得曹操这个人怎么样。使者说："曹操很帅气，也很有风度，可是我觉得曹操的卫士——床边拿着大刀的那个人——才是真正的英雄啊！"

崔琰虽然仪表堂堂，但是气场却远不及曹操强大。曹操的气场是经过多年的征战修炼出来的，即使他扮做侍卫，浑身也能散发出强大的气场。这种气场可以让人轻易感受到他的领导力、魅力，而崔琰虽然坐在了曹操的宝座上，但是气场虚弱，显不出半点曹操的声威，在别人看来也就没有一点儿帝王相。所以说，气场强的人，能对别人产生震慑力，他一定是内心强大、具有控场能力的人。

气场对每一个人都是平等的，无论你是律师、商人、银行工作者或者僧侣；无论你是百万富翁还是正在为生计而奔走的人，气场都会同样存在于你的身边。你的渴望越强烈，你要求成功的态度越积极，它就越强大，而且对你也就越忠诚。

生活中，如果你看到一个人，你的目光不自觉地被他吸引，那就说明他的气场强大。气场强大的人总是无比自信，不断地、毫不顾忌地向外扩张吸引力。他们讲话有底气，讲了大家会听，听了还会记住，记住了还会去学。他们会带动周围人的情绪，让周围人的注意力不自觉地集中到他身上。靠近这类人，会让你忘掉你原本的个性，甚至完全被"吞没"。总之，气场就是一种看不见、摸不着的无形能量，但却能体现在我们的言谈举止中，影响着每个人的生活、工作、情感等等。而且，气场既是个人能力的体现，同时又能够影响他人。

陈阿土是台湾的农民，从来没有出过远门。攒了半辈子的钱，终于参加一个旅游团出了国。国外的一切都是非常新鲜的，关键是，陈阿土参加的是豪华团，一个人住一个标准间。这让他新奇不已。早晨，服务生来敲门送早餐时大声说道："GOOD MORNING SIR!"陈阿土愣住了。这是什么意思呢？在自己的家乡，一般陌生的人见面都会问："您贵姓？"于是陈阿土大声叫道："我叫陈阿土！"如是这般，连着三天，都是那个服务生来敲门，每天都大声说："GOOD MORNING SIR!"而陈阿土亦大声回道："我叫陈阿土！"

他非常地生气。这个服务生也太笨了，天天问自己叫什么，告诉他又记不住，很烦的。终于他忍不住去问导游，"GOOD MORNING SIR!"是什么意思，导游告诉了他，天啊!! 真是丢脸死了。陈阿土反复练习"GOOD MORNING SIR!"这个词，以便能体面地应对服务生。

又一天的早晨，服务生照常来敲门，门一开陈阿土就大声叫道："GOOD MORNING SIR!"与此同时，服务生叫的是："我是陈阿土！"

看完这个故事，相信大家都觉得有点好笑。但是，为什么会出现这样的情景呢？很简单，在双方对彼此都不熟悉的情况下，谁更能征服对方呢？我们说是气场强的那个人更具影响力。因为陈阿土一直气场很足地喊"我是陈阿土"，所以，服务生被他的气场征服了，认为应该说"我是陈阿土"，所以，改变了自己的行为。

人与人交往，是气场与气场的较量。不是你影响对方，就是对方影响你。气场强大，你就是人生的掌控者与操盘手。用气场感染人、影响人、说服人；让别人喜欢你、佩服你、感激你。

总之，气场不是只有少数人拥有的难以捉摸的力量，它是一种任何智力正常的人都具备的潜能。只要持之以恒，坚持不懈，任何人都可以拥有吸引人的特质。

你的形象决定别人的印象

形象是一个人留给他人的总体印象，是通过人的相貌、衣着、语言、性格、气质、态度来综合体现的，在很大程度上决定了一个人在别人心目中的价值。

在人际交往中，我们总有这样一种感觉，对某个人印象好的时候，就会对他评价高并且今后会再次与他合作。相反，如果对方没有给自己留下什么好印象，你就会对他感到不快，甚至厌恶或同朋友们谈及此人时，你甚至会表现出对他的不满意。这就是一个人形象的重要性。

一个人的形象就如同一张名片，是向别人展示自我的第一步。别人会从我们的形象中获取对我们的印象，而这个印象又影响着他们对我们的态度和行为。英国女王曾在给威尔士王子的信中写道："穿着显示人的外表，人们在判定人的心态以及对这个人的观感时，通常都凭他的外表，而且常常这样判定。因为外表是看得见的，而其他则看不见，基于这一点，穿着特别重要……"人类都有以貌取人的天性，外在形象直接影响着别人对你的印象。穿着得体整洁的人给人的印象会好，它等于在告诉大家："这是一个聪明、自重、可靠的人，大家可以尊敬、信赖他。"反之，一个穿着邋遢的人给人的印象就差，它等于在告诉大家："这是个没什么作为的人，他粗心、没有效率、他习惯不被重视。"

良好的形象往往能够为自己加分，在人际交往中有极好的推动作用。美国著名形象设计师莫利先生曾对美国《财富》排名榜前 300 名公司的 100 名执行总裁调查，97％的人认为懂得并能够展示外表魅力的人，在公司中有更多的升迁机会；100％的人认为若有关于商务着装的课，他们会送子女去学习；93％的人会由于首次面试中申请人不合适的穿着而拒绝录用；92％的人不会选用不懂穿着的人做自己的助手；100％的人认为应该有一本专门讲述职业形象的书以供职员们阅读。

无论你认为从外表衡量人是多么肤浅和愚蠢，但社会上的许多人总在根据你的服饰、发型、手势、声调、语言等判断着你。你的外在形象在工作中影响着你的升迁，在商业上影响着你的交易，在生活中影响着你的人际关系和爱情关系，也无时无刻不在影响着你的自尊和自信，最终影响着你的幸福感。

李嘉诚在当销售员的时候，就特别注意推销自己。他认为，一个优秀的销售员，在推销产品的同时，更要注重推销自己。在推销的过程中，李嘉诚发现当好销售员必须十分注意自己的包装。他觉得产品需要包装，而销售员就更应该包装。而销售员的包装，服装是其一，还包括言谈举止、行为修养。

于是，李嘉诚开始全方位包装自己。他对自己的高标准是要具有绅士风度。虽然李嘉诚当时收入不高，家庭负担很重，而且他还有大抱负，要攒钱办大事，但是，李嘉诚十分重视自己的仪表修饰。他的服装既不新又非名牌，但相当整洁。他对自己的行为有一个简单而又包罗万象的衡量标准，就是给任何人都能产生好感。

李嘉诚先生给人的印象就是那么的谦合、稳重、诚恳、和气、值得信任，这也是他成功地赚到钱的法宝之一。

　　形象就如同一个人的招牌，好形象会令你的影响力迅速提升，从而赢得好人缘。西方有句名言："你可以先装扮成'那个样子'，直到你成为'那个样子'。"形象是事业成功的一个重要规则，成功的外表形象可以为你事业的成功起着推波助澜的作用。

　　在人际交往中，别人对你的印象是从你的形象中获取的，而他人对你的印象又影响着他人对待你的态度和行为。外表形象对一个人而言，就好比是商品的外包装。包装纸如果粗糙，里面的商品再好，也会容易被人误解为是廉价的商品。所以说，当你与人交往的时候，你的外表将起着意想不到的作用。你的装束打扮总是有意无意地影响着他人对你的感觉，可能是愉快感，也可能是厌恶感。因此，在与人交往中，你的外表给人留下的印象是深刻的，这一点不容小视。一个外貌整洁、干净利落的人，总会给人仪表堂堂、精神焕发、充满自信的印象。

　　1962 年，在英国伦敦一个著名贵族举办的豪华宴会上，一名中年男子出尽了风头，他优雅的举止、迷人的言谈，不但令在场的所有女士都对他倾心，所有男士也都对他产生极大的兴趣和好感。人们私下里纷纷相互打听，都想认识他、和他成为朋友，而那位男子在这次宴会上也收获颇丰，不仅签下了 40 多单生意，结交了很多朋友，还找到了他的终身伴侣。

　　这名男子就是当时英国著名的房地产商柯马·伊鲁斯。

　　他的妻子艾琳娜后来在自传中这样描述他们的第一次见面："很明显，他不是我心目中理想的丈夫形象，但是看到他俊朗的面孔、清澈的眼睛，听到他充满磁性的声音，我就怦然心动了，可关键不是这样，关键是他身上散发出的一些独特的、说不清的东西，这东西令我真正地心迷神醉……我对他一见钟情，决定要嫁给他。"

　　柯马·伊鲁斯的商业伙伴梅德也是从这次宴会上认识他的，他们后来终生合作，非常默契。梅德曾这样评价他："他简直是个魔鬼，他身上散发着一种能够征服任何人的魔力。"

　　那次宴会是柯马·伊鲁斯第一次在英国上流社会的社交场露

面，可是他一露面，就凭借他优秀的形象征服了整个伦敦的上流社会，随后，金钱和好运向他滚滚涌来。不过，事实上柯马·伊鲁斯在12年前就来过伦敦，并出席了一个由商会举办的小型聚会。但在那次聚会上，柯马·伊鲁斯不仅受到了几位女士的嘲弄，还被侍从当成鞋匠给赶了出去。愤怒的柯马·伊鲁斯一气之下离开了伦敦。

那时的柯马·伊鲁斯还是个小人物，开了一家小水泥厂，整天勤奋地忙来忙去，根本无暇顾及自己的形象。为了扩大生意，他千方百计弄到了一张商行聚会的邀请信，想混进去多结交一些人。可一进入聚会大厅，他就立即知道自己走错了地方。大厅装饰得金碧辉煌，男士们个个西装革履、彬彬有礼，女士们个个华服锦衣、优雅漂亮，柯马·伊鲁斯低头看看自己，一身满是补丁，穿着厚厚油腻的工作服、大胶鞋，乱发，简直像个乞丐。这时几位女士过来了，故意将酒洒在他身上，并趾高气扬地给他小费。侍从过来询问他，他讲明自己的身份，可是没人相信，而他拉一个认识他的人作证时，那个人不承认认识他，而说他是路边的鞋匠，于是他被当成混进来的鞋匠给赶了出去。

生气过后，柯马·伊鲁斯开始考虑自己为什么会受到这种待遇。自然，凭他的头脑，一下子就想明白了。他回到家乡后的第一件事就是参加了一个礼仪培训班，并高薪聘请了私人形象顾问。经过一番改造之后，就有了前面他一举成名的一幕了。

由此可见，美好的形象有助于增强人际间的吸引力，有助于你事业的成功。好的形象能给个人赢得不错的声誉。它像是一张特殊的名片，又像是一则生动的广告，在社会交往中常常能起到"未见其人，先闻其名"的效果。

良好的形象有助于增强人际间的吸引力，能够将别人的眼光、信赖、好感、机遇等都吸引到你的身上，能够让你建立自信，积极潇洒地投入到社会生活之中，能够帮你赢得更多的朋友。因此，如果你要想成为一个控场高手，从现在开始就要强化形象意识，高度重视良好形象的塑造。

微笑是最具魅力的语言

微笑是人类最动听的语言。真诚自然的微笑，会让一个人变得魅力十足；它传达的是人们心中的一份自信和坦然，这样人们的气场就会传达出积极向上的能量，让人与人之间更亲近、真诚地沟通。

一个刚刚踏入上流社会的妇人，参加她作为上流贵妇的第一个宴会。为了宴会上的每一个宾客留下一个良好的印象，她为自己的形象花费了很多心血。她花大价钱买了昂贵的貂皮大衣、钻石和珍珠。她穿戴着这些象征着身份和地位的衣服和饰品，但是，她并没有从宾客们的脸上看到认同和赞赏。因为她对自己的表情，没有下任何功夫。她的表情给大家的印象是尖酸、自私。这位贵妇在宴会上的失败是因为她不懂得：一个女人面孔的表情，比她身上所穿的衣服更重要。

对于一个人来说，真正的风度并不仅仅表现在穿着打扮、举止言行上。有的人尽管一身名牌，但是他职业的冷漠、僵硬的表情、伪装牵强的笑容，反而让人反感；有的人尽管衣着普通，但是他流露出发自内心的笑容，你反而觉得他有亲和力和风度。所以说，你的笑容就是你最好的名片，你的笑容能照亮所有看到它的人。笑容使你显得高贵自信、大方热情，让人觉得和你交流是愉快的，你对他是尊重的。

有一位叫玛丽的小姐去参加法国航空公司的招聘。当然她没有关系，也没有熟人，也没有先去打点，完全是凭着自己的本领去争取。结果她被聘用，原因很简单，那就是因为玛丽小姐脸上总带着微笑。

令玛丽惊讶的是，面试的时候，主试者在讲话时总是故意把身体转过去背着她。你不要误会这位主试者不懂得礼貌，而是他在体会玛丽的微笑，感觉玛丽的微笑。因为玛丽的工作是通过电话完成的，是有关预约、取消、更换或确定航班的事情。

那位主考者微笑着对玛丽说："小姐，你被录用了。你最大的资本是你脸上的微笑，你要在将来的工作中充分运用它，让每一位顾客都能从电话中体会到你的微笑。"

微笑具有挡不住的魅力。一位学者说："对人微笑是高超的社交技巧之一，也是获得幸福的保障。只要活着，忙着、工作着，就不能不微笑……"微笑是人类面孔上最动人的一种表情，是社会生活中美好而无声的语言，它来源于心地的善良、宽容和无私，表现的是一种坦荡和大度。微笑是成功者的自信，是失败者的坚强；微笑是人际关系的黏合剂，也是化敌为友的一剂良方。

微笑是世界上最美的表情，是最动听的无声语言，社交中最有力的武器。要想在社交中成为主角，就必须牢牢地把握住最有力的武器——微笑。无论你在什么地方，无论你在做什么，在人与人之间，简单的一个微笑是一种最为普及的语言，她能够消除人与人之间的隔阂。人与人之间的最短距离是一个可以分享的微笑，即使是你一个人微笑，也可以使你和自己的心灵进行交流和抚慰。

张芳在一列新开通的动车上做列车员。有一次，一名男乘客在列车上吸烟。她微笑地对对方说："先生您好，本次列车不允许吸烟。"听了她的劝告，这名乘客立刻将刚拿出来的烟收了起来。可张芳刚离开没多久，就发现这名乘客又拿出了烟，并且已经点燃了。她再次上前微笑着说："先生您好，本次列车不允许吸烟！"这名乘客随后瞪了她一眼，将烟掐灭了。

大概过了1个小时，在两节车厢的交接处，张芳发现这名乘客又拿出了烟。尽管张芳对此特别不耐烦，但她仍然微笑着再次走到对方的面前说："先生，对不起，本次列车不允许吸烟，希望您谅解。"这次吸烟的乘客不耐烦了，他生气地问道："这我还真不明白了，你能和我说说为什么本次列车不能吸烟吗？我也不是没坐过火车，每次坐火车都可以吸，怎么就你这么麻烦？"

张芳没有任何不高兴的表情，仍然微笑着对乘客说："本次列车和以往的列车有所不同，本次列车行进的时速太快，吸烟容易带来危险。所以，还是请您见谅。"解释完，她仍然微笑着看着对方。乘客一时间不知说什么好，只是无奈地说："好，这次真不抽了。""谢谢您的合作。"张芳继续微笑着答道。

试想一下，如果在对方不耐烦时，她当时不是微笑着解答疑问，那么也许对方就会和她争执起来。从张芳成功说服乘客不在列车上吸烟的过程中，我们不难发现，她最大的特点便是不管乘客的态度如何，她一直微笑着面对对方，进而让对方在她的微笑面前只能无奈地接受。

微笑是一种有效的控场技巧，是一种寻求和解的武器。微笑能将怒气挡在对方体内，阻止他的进攻。微笑是一缕春风，化开久冻的坚冰；微笑是一滴甘露，滋润久旱的心田；微笑是人们脸上高尚的表情，温馨而怡人。无论是在生活，还是在工作中，只要你不吝惜微笑，往往就能够左右逢源、顺心如意。这是因为微笑表现着自己友善、谦恭、渴望友谊的美好的感情因素，是向他人发射出的理解、宽容、信任的信号。

在我们的生活中不能没有微笑。一位诗人曾经这样写道："你需要的话，可以拿走我的面包，可以拿走我的空气，可是别把你的微笑拿走。因为生活需要微笑，也正因为有了微笑，生活便有了生气。"的确，在我们的生活中不能没有微笑。微笑是你接近他人最好的介绍信。微笑的表情，是一种诚意和善良的象征，是愉悦别人的一种良好形象，同时也是一种引起兴趣和好感的催化剂。

通过握手，让对方感知你强大的气场

在日常生活中，握手是一种经常使用的礼节方式，不仅常用在人们见面和告辞时，更可作为一种祝贺、感谢或相互鼓励的表示。尽管对绝大多数人而言，握手只是两个人之间双手相握的一个简单动作，但却是沟通、交流、增进人际交往的重要手段。美国著名盲聋作家海伦·凯勒写道："我接触的手，虽然无言，却极有表现力。有的人握手能拒人千里之外，我握着他们冷冰冰的指尖，就像和凛冽的北风握手一样。也有些人的手充满阳光，他们握住你的手，使你感到温暖。"这从侧面证明恰到好处的握手可以向对方表现自己的真诚与自信，也是吸引他人和赢得信任的契机。

刘艳丽是个热情而敏感的女士，目前在中国某著名房地产公司任副总裁。那一日，她接待了来访的建筑材料公司主管销售的韦经理。韦经理被秘书领进了刘艳丽的办公室，秘书对刘艳丽说："刘总，这是××公司的韦经理。"

刘艳丽离开办公桌，面带笑容，走向韦经理。韦经理先伸出手来。让刘艳丽握了握。刘艳丽客气地对他说："很高兴你来为我们公司介绍这些产品。这样吧，让我看一看这些材料，我再和你联系。"韦经理在几分钟后就被刘艳丽送出了办公室。几天内，韦经理多次打电话，但得到的均是秘书相同的回答："刘总不在。"

到底是什么让刘艳丽这么反感一个只说了两句话的人呢？刘艳丽在一次讨论形象的课上提到这件事，余气未消："首次见面，他留给我的印象不但是不懂基本的商业礼仪，而且没有绅士风度。他是一个男人，位置又低于我，怎么能像王子一样伸出手让我来握呢？他伸给我的手不但看起来毫无生机，握起来更像一条死鱼，冰冷、松软、毫无热情。当我握他的手时，他的手掌也没有任何反应。握手的这几秒钟，他就留给我一个极坏的印象。他的心可能和他的手一样冰冷。他的手没有让我感到对我的尊重，他对我们的会面也并不重视。作为一个公司的销售经理，居然不懂得基本的握手礼仪，他显然不是那种经过严格职业训练的人。而公司能够雇用这样素质的人做销售经理，可见公司管理人员的基本素质和层次也不高。这种素质低下的人组成的管理阶层，怎么会严格遵守商业道德，提供优质、价格合理的建筑材料？我们这样大的房地产公司，怎么能够与这样作坊式的小公司合作？怎么会让他们为我们提供建材呢？"

握手只有几秒钟的时间，但这短短的几秒钟是如此的关键，立刻决定了别人对你的喜欢程度。通过握手的动作，往往显露一个人的个性，给人留下不同印象。一个积极的、有力度的正确的握手，表达了你友好的态度和可信度，也表现了你对别人的重视和尊重。一个无力的、漫不经心的、错误的握手，立刻传送出不利于你的信息，让你无法用语言来弥补，会给对方留下对你非常不利的第一印象。

与陌生人初次见面，人们大都会重视着装和微笑，但据调查指出，握手同样能够对人的第一印象起决定作用，因为人类能够对来自内在或者外在的刺激做出更强烈更敏锐的反应。所以，想在初次见面留给他人良好的印象，就要学会与人握手的技巧。

1. 握手的方法

握手时，距离受礼者约一步，上身稍向前倾，两足立正，伸出右手，四指并拢，拇指张开，向受礼者握手。掌心向下握住对方的手，显示着一个人强烈的支配欲，无声地告诉别人，他此时处于高人一等的地位，应尽量避免这种傲慢无礼的握手方式。相反，掌心向里同他人的握手方式显示出谦卑与毕恭毕敬，如果伸出双手去捧接，则更是谦恭备至了。平等而自然的握手姿态是两手的手掌都处于垂直状态，这是一种最普通也最稳妥的握手方式。

2. 握手的顺序

主人、长辈、上司、女士主动伸出手，客人、晚辈、下属、男士再相迎握手。

长辈与晚辈之间，长辈伸手后，晚辈才能伸手相握；上下级之间，上级伸手后，下级才能接握；主人与客人之间，主人宜主动伸手；男女之间，女方伸出手后，男方才能伸手相握；如果男性年长，是女性的父辈年龄，在一般的社交场合中仍以女性先伸手为主，除非男性已是祖辈年龄，或女性未成年在 20 岁以下，则男性先伸手是适宜的。但无论什么人，如果他忽略了握手礼的先后次序而已经伸了手，对方都应不迟疑地回握。

3. 握手的禁忌

（1）握手时应伸出右手，不能伸出左手与人相握，有些国家习俗认为人的左手是脏的。

（2）戴着手套握手是失礼行为。男士在握手前先脱下手套，摘下帽子，女士可以例外。当然在严寒的室外有时可以不脱，比如双方都戴着手套、帽子，这时一般也应先说声："对不起。"握手者双目注视对方，微笑，问候，致意，不要看第三者或显得心不在焉。

（3）如果你是左撇子，握手时也一定要用右手。当然如果你右手受伤了，那就不妨声明一下。

（4）在商务洽谈中，当介绍人完成了介绍任务之后，被介绍的双方第一个动作就是握手。握手的时候，眼睛一定要注视对方的眼睛，传达出你的诚意和自信，千万不要一边握手一边眼睛却在东张西望，或者跟这个人握手还没完就目光移至下一个身上，这样别人从你眼神里体味到的只能是轻视或慌乱。那么是不是注视的时间越长越好呢？并非如此，握手只需几秒钟即可，双方手一松开，目光即可转移。

（5）握手的力度要掌握好，握得太轻了，对方会觉得你在敷衍他；太重了，人家不但没感到你的热情，反而会觉得你是个老粗，女士尤其不要把手软绵绵地递过去，显得连握都懒得握的样子，既要握手，就应大大方方地握。

（6）握手的时间以 1~3 秒为宜，不可一直握住别人的手不放。与大人物握手，男士与女士握手，时间以 1 秒钟左右为原则。如果要表示自己的真诚和热烈，也可较长时间握手，并上下摇晃几下。

（7）多人相见时，注意不要交叉握手，也就是当两人握手时，第三者不要把胳膊从上面架过去，急着和另外的人握手。

（8）在任何情况下，拒绝对方主动要求握手的举动都是无礼的。但手上有水或不干净时，应谢绝握手，同时必须解释并致歉。

综上所述，握手，是社交活动中最常见的礼节，掌握握手礼仪的要领，是令你讨人喜欢的策略之一。

好声音，让你一鸣惊人

声音是语言的载体，是我们了解外面世界的媒介，美妙的声音能带给人美的享受。

在美国有个有很多鸽子的广场，常常会有很多歌手在广场上露天而歌，可是有一个很奇怪的现象，每当一位女歌手唱歌时，广场上的鸽子和鸟就会陆续飞走，等她唱完歌，那些鸟又会陆续回来。开始人们很不解，后来一位医生揭开了其中的奥妙。原来是这位女歌手的声音有问题，她唱歌时的声音及其分贝可归属于噪音一类。看来对美好声音的追求和识别能力是动物与生俱来的。动物尚且知道追求美妙的声音，更何况我们人呢。

声音和人类有着紧密的联系。我们通过声音表达思想、情感、观点等，是我们的内在感觉的再现。希腊哲学家苏格拉底说："请开口说话，我才能看清你。"正因为他了解，人的声音是个性的表达，声音来自人体内在，是一种内在的剖白。慷慨激昂的演讲，如泣如诉的哀求，声情并茂的朗读都会给人留下深刻的印象。

心理学家认为，声音决定了人类 38％ 的第一印象，而音质、音调、语速变化和表达能力则占有说话可信度的 85％。说话是一种有声语言的表达，因此，说话声音的质量显得尤为重要。

著名主持人欧阳夏丹每天早晨 7 点开始，就会准时出现在中央电视台经济频道早间资讯栏目《第一时间》，将这档新闻节目说得生动鲜活。看到欧阳夏丹甜美的微笑，听到她清亮的声音，就如同沐浴清晨第一缕明亮的阳光。越来越多的观众迷上了这位浑身洋溢着亲和力的年轻主持人。

一个人的个性会通过声音展现出来。欧阳夏丹乐观开朗的性格，使得她的声音也呈现出一种明快、清亮，让人听后如沐春风。欧阳夏丹说："声音的塑造非常重要，这是基本功。这在现在的工作中，是不可或缺的。尤其在大型直播报道中，最能体现主持人基本功的扎实与否！"

一个人的动听声音应该是饱满而充满活力的。既能充分传递自己的感情，又能调动他人的感情。音质宽厚醇美、语调抑扬顿挫，可以放射出独特的魅力，美化你的形象，保持人们对你的积极的注意力，并且提高交流的效果。

一个人的声音，是有神而无形的文字，是一份比外貌更能持久迷人的魅力。美妙的声音可以穿越心灵，让你在人际交往中占据主动权。

黄丽筱作为一名外资公司人力资源部的员工，刚进入北京这个大都市的写字楼时，说话嗓门大，尽显着东北人特有的那种火辣味。尽管她努力克服着自己的这种声音，但在一次接电话时，还是被一位福建老板听出了毛病，很不客气地提醒她："你的嗓门怎么这么高？"

后来黄丽筱每天晚上收听广播，比如关于散文、诗歌之类的节目，听了半年广播后，她的大嗓门果然得到了明显的改善，也像主持小姐那么温婉可人、悦耳动听了。当然，她的声音越来越被商业伙伴认可了，同时业绩也提高了。

声音的魅力竟是如此神奇，所以说，好的声音像一道难以抗拒的磁场，将人们的心紧紧地牵住。如果你要使自己的声音有吸引力、让人爱听，就要"包装"声音，塑造出美的声音。

一个人的声音虽然是天生的，但是并非不能改变。人的声音是可以训练的，这跟人的形体一样。通过平时的练习，可以让声音更加充满韵味。很多播音员、歌唱家的声音都是训练出来的。东方的著名女性靳羽西在刚开始当电视主持人的时候，也是通过练习，逐渐地掌握了说话的技巧。我们不需要像专业主持人那样，达到纯正、专业的普通话标准，但是需要在发声上多注意。要注意控制气息、音色、音量，言谈中要口齿流利，就能塑造出优雅迷人的形象。所以，如果你要想自己的声音优美动听，需要注意以下几点：

1. 咬字清楚，层次分明

俗话说："咬字千斤重，听者自动容。"说话最怕咬字不清，层次不明，这么一来，不但对方无法了解你的意思，而且会给别人带来压迫感。要纠正此缺点，最好的方法就是练习大声的朗诵，久而久之就会有效果。

2. 说话的快慢运用得当

说话速度，应追求一种有快有慢的音乐感。单调如一的声音，如同催眠曲，令人厌烦。可以放慢速度强调一些主要词句，在一般内容上稍微加快变化。

3. 注意控制说话的音量

我们每个人说话的声音大小有其范围，声音过大，会让人感觉你是一个无礼的人、鲁莽的人。声音过小，往往会影响交流。应该找到一种大小最为合适的声音来和别人交谈。说话的音量也应随着内容和情绪的变换而变换，时而侃侃而谈，如淙淙流水；时而慷慨激昂，似奔泻的瀑布。在不同声音段里，要有高潮、有舒缓、有喜忧，才能引人入胜，扣人心弦。

4. 注意控制说话的音调

说话时，音调的高低也要妥善安排，借此引起对方的注意与兴趣。任何一次的谈话，抑扬顿挫，速度的变化与音调的高低，必须像一支交响乐团一样，搭配得宜，才能成功地演奏出和谐动人的乐章。

拥有亲和力，让你占据主动

亲和力是发自内心的一种感染力，是人生性随和、性格淡然、保持平常心的一种表现。社交场合中，有亲和力的人更有人缘，因为他让人感觉面善，相处起来舒服、自然，所以总能营造出一种和谐的交际意境。

帕尔梅首相在瑞典是十分受人尊敬、有亲和力的领导人。他虽贵为政府首相，但仍住在平民公寓里，生活简朴、平易近人，与平民百姓毫无二致。帕尔梅的信条是："我是人民的一员。"

帕尔梅从家到首相府，每天都坚持步行，在这一刻钟左右的时间里，他不时同路上的行人打招呼，有时甚至与同路人闲聊几句。帕尔梅一家经常到法罗岛去度假，和那里的居民建立了密切的联系，那里的人都将他看作朋友。

帕尔梅喜欢独自微服私访，去学校、商店、厂矿等地，找学生、店员、工人谈话，了解情况，听取意见。他从没有首相的架子，谈吐文雅、态度诚恳，也从不搞前呼后拥的威严场面。

帕尔梅同许多普通人通过信件建立了友谊。他在位时平均每年收到 15 万多封来信；其中三分之一来自国外，为此他专门雇用了 4 名工作人员及时拆阅、处理和答复，做到来者皆阅，来者均复。对于助手起草的回信，他要亲自过目，然后才能签发。这一切都使他的形象在人民心目中日益高大。在瑞典人民的心目中，帕尔梅是首相，又是平民；是领导人，又是兄弟、朋友，他是人们心目中的偶像。

亲和力是人与人之间信息沟通，情感交流的一种能力。具有亲和力的人，会每天都保持自信乐观向上的心情去面对每一个人，对每一个人都不觉得陌生，会视他们为熟人朋友老乡亲人，这将使别人加深其信任感。

亲和力能够方便与陌生人之间的沟通和交流，人都是有感情的，陌生人当然也不例外，感情的沟通和交流能够让你和陌生人之间建立一座信任的桥梁。信任的建立将会有效地消除人的交流的难度。所以，聪明的人善于建立自己的亲和力。

作为索尼的缔造者和最高首脑，盛田昭夫具有非凡的亲和力，他喜欢和员工接触，经常到各个下属单位了解具体情况，争取和较多的员工直接沟通。稍有闲暇，他就到下属工厂或分店转一转，找机会多接触一些员工。他希望所有的经理都能抽出一定的时间离开办公室，到员工中间去，认识、了解每一位员工，倾听他们的意见，调整部门的工作，使员工生活在一个轻松、透明的工作环境中。

有一次，盛田昭夫在东京办事，看时间有余，就来到一家挂着"索尼旅行服务社"招牌的小店，对员工自我介绍说："我来这里打个招呼，相信你们在电视或报纸上见过我，今天让你们看一看我的庐山真面目。"一句话逗得大家哈哈大笑。气氛一下由紧张变得轻松，盛田昭夫趁机四处看一看，并和员工随意攀谈家常，有说有笑，既融洽又温馨，盛田昭夫和员工一样，沉浸在一片欢乐之中，并为自己是索尼公司的一员而倍感自豪。

还有一次，盛田昭夫在美国加州的帕洛奥图市看望索尼公司的一家下属研究机构，负责经理是一位美国人，他提出想和盛田昭夫合几张影，不知行不行。盛田昭夫欣然应许，并说想合影的都可以过来，结果短短一个小时，盛田昭夫和三四十位员工全部合了影，大家心满意足，喜气洋洋。末了，盛田昭夫还对这位美籍经理说："你这样做很对，你真正了解索尼公司，索尼公司本来就是一个大家庭嘛。"

再有一次，盛田昭夫和太太良子到美国索尼分公司，参加成立25周年的庆祝活动，夫妇特意和全体员工一起用餐。然后，又到纽约，和当地的索尼员工欢快野餐。最后，又马不停蹄地赶到阿拉巴马州的杜森录音带厂，以及加州的圣地亚哥厂，和员工们一起进餐、跳舞，狂欢了半天。盛田昭夫感到很开心，很尽兴，员工们也为能和总裁夫妇共度庆祝日感到荣幸和自豪。

盛田昭夫说，他喜欢这些员工，就像喜欢自己家人一样。

依靠索尼高层领导者的这种亲和力，使公司里凝聚成一股强大的合作力量，并借着这么一支同心协力的队伍——他们潜心钻研、固守岗位、自觉负责、维护生产、不为金钱追求事业，勇于开拓他乡异国销售事业，先锋霸主索尼公司才能屡战屡胜，一步一个脚印，在高科技优新产品开发上，把对手一次又一次地甩在后面。

在人际交往中，有亲和力的人更受人的欢迎，因为他让人感觉面善，相处起来舒服、自然，总能营造出一种和谐的交往环境。这个道理很简单，渴望与人亲近，追求和谐相处，是人类基本的需求。亲和温暖的威力大于严厉粗暴。春天般温暖的脸总让人舍不得离开，而那冰冷刺骨的容颜只会让人望而止步。

亲和力是亲切、友善、易于被别人接受的一种力量，就如同美好的事物令人无法拒绝一样。亲和力不是靠严肃的说话态度来产生的，而是一种自然而然的力量，它让与你交往的人感觉到快乐。

提升个人气质，让气场变得更加强大

所谓气质，指一个人内在涵养或修养的外在体现，气质是内在的不自觉的外露，而不仅是表面功夫。如果胸无点墨，那任凭用再华丽的衣服装饰，这人也是毫无气质可言的，反而给别人肤浅的感觉。所以，真正有气质的人，一定是有文化、有知识、有内涵、有素质，他们的气质表现在一举手、一投足之间。

身为英国女王，伊丽莎白二世的气质可能是女人所能呈现出来的最优雅状态。这种完美并不依赖于王冠为她带来的耀眼光芒，而是源于她高贵的气质。

从公主到女王，伊丽莎白二世一直在跟随时代不断转换着自己的形象，而她稳定的个性、形象与责任感和这一切所带来的持久威信始终未变。虽然私生活一直是媒体所追逐的对象，但是在英国王室一贯持有的保护隐私的原则之下，伊丽莎白二世不仅显得神秘，更让人有种琢磨不透。

女王在英国人民中的威信非常高，就连一向挑剔的英国报界也极少批评她。她冷静而又严肃，虔诚而富有爱心，而这些特征早已成为了英国女性的道德典范。虽然时代的进步令王权至高无上被瓦解，但女王的威信依然存在，这得益于她始终端庄的言行和高贵的气质。

气质是能力、知识、阅历、情感、生活的一种综合外在表现，来自丰富的、深厚的信仰与底蕴，是着急不得、模仿不来的。人们常说"穿上龙袍也不像太子"，怎么装也装不像。在现实生活中，有相当数量的人只注意穿着打扮，并不怎么注意自己的气质是否给人以美感。诚然，美丽的容貌，时髦的服饰，精心的打扮，都能给人以美感。但是这种外表的美总是肤浅而短暂的，如同天上的流云，转瞬即逝。如果你是有心人，则会发现，气质给人的美感是不受年纪、服饰和打扮局限的。一个人的真正魅力主要在于特有的气质，这种气质对同性和异性都有吸引力。这是一种内在的人格魅力。

气质，代表人的一种品格，是全方位的综合体现，它不以身份、地位而转移，是从骨子散发出来的气场。气质美看似无形实有形，通过对待生活的态度、个性特征、言行举止等表现出来，外化在举手投足之间。谈吐自如是一种风度，笑对群儒是一种境界，巧舌如簧是一种能力，这些都是气质所张扬出来的美。

周恩来的政治家风度和气质，历来为人们所敬仰。美国人克拉默·威利这样评价道："周恩来年轻时是一位精神抖擞的英俊小伙子，即使到了老年，他那乌黑发亮的眼睛，富有表达能力的双手，以及高雅的风采都构成毫无疑问的吸引力。一位为之倾倒的人士曾经说：'周可以望你而且就凭那么一看，便可以博得你的好感，使你着迷'。"法国前总理孟戴斯·弗朗斯的谈话也说："他的态度和谈吐与众不同，有时连讥笑的态度也是具有魅力的。"

周恩来总是保持着文雅大方、精神饱满的形象，他曾经批评一个秘书，才 30 多岁，年纪轻轻脊背就驼了。周恩来身高只有 1.71 米，不算高，但他挺直的身姿有着特殊的"高度"。在周恩来端庄谦和的风度中蕴含着深沉、强悍与智慧和力量，正如基辛格在回忆录里所写的："他使举座倾目的不是魁伟的身躯，而是他那外弛内张的风度和钢铁般的自制力，宛如一根收紧着的弹簧。"

气质是一种永恒的诱惑，因为它不是单靠外貌就能获得的，还要拥有丰富的智慧与常识，拥有迷人的气度与较高的综合素质。气质可以让一个人在人群中脱颖而出，也可以让一个人获得更多朋友和支持。

气质不是一朝一夕养成的，它是一种精神的素质。气质有些是天生的，但后天培养很重要。高雅的气质令人赏心悦目。怎样培养一个人的气质呢？首先，要有一定的知识底蕴。要注重自己的品行修养。其次是要注重个人的养成教育。形成良好的言行举止习惯。要注重自己的品德修养。学会处理各种问题，历练自己的人格魅力。要经得起风风雨雨的考验，遇事不急不躁，稳中求胜，妥善处理问题，游刃有余。总之，气质是一门学问，值得每一个人去研究学习。

控制情绪，就能掌控局势

情绪是指人们对客观事物所持态度产生的内心体验，在面对一些烦琐的事情时，人都容易产生焦躁不安，或者悲观，或者焦虑，或者沮丧，或者愤怒……这些都是情绪的一种表现。

我们每个人都生活在情绪的海洋中。情绪这东西十分微妙，难以言传，它看不见，摸不着，对我们的影响往往超乎想象。

生活中，扰人心情的事情时有发生，并成为影响我们情绪的罪魁祸首。人们有时会遇到恶意的攻击、陷害，面对生活中的种种不如意。有的人会因此大动肝火，结果把事情搞得越来越糟，而有的人则能很好地控制住自己的情绪，泰然自若地面对各种刁难和不如意，在生活中立于不败之地。

在20世纪60年代初期的美国，有一位很有才华、曾经做过大学校长的人，参加竞选美国中西部某州的议会议员。

此人资历很深，精明能干、博学多识，看起来很有希望赢得选举的胜利。但是，在选举的中期，一个很小的谣言散布开来：三四年前，在该州首府举行的一次教育大会中，他跟一位年轻女教师有那么一点暧昧的行为。这实在是一个弥天大谎，这位候选人对此感到非常愤怒，并竭力想要为自己辩解。在以后的每一次集会中，他都要站起来极力澄清事实，证明自己的清白。

其实，大部分选民根本没有听到过这件事，但是，在竞选者的一次次辩白之后，人们却愈来愈相信有这么一回事。公众们振振有词地反问："如果你真是无辜的，为什么要为自己百般狡辩呢？"如此火上加油，这位候选人的情绪变得更坏，也更加气急败坏、声嘶力竭地在各种场合下为自己洗刷，这样做的结果更使人们对谣言信以为真。最后连他的太太也开始转而相信谣言，夫妻之间的亲密关系被破坏殆尽。

最后，这位竞选人落选了，从此一蹶不振。

我们在与人相处时，不可能事事都一帆风顺，不可能要每个人都对我们笑脸相迎。有时候，我们也会受到他人的误解，甚至嘲笑或轻蔑。这时，如果我们不能控制自己的情绪，就会造成人际关系的不和谐，对自己的生活和工作都将带来很大的影响。所以，当我们遇到意外的情况时，就要学会控制自己的情绪，轻易发怒只会造成反效果。

学会控制自己的情绪，对于每个人而言都是相当重要的，它是我们成功的前提，更是我们身心健康的保证。做自己情绪的主人，不仅让你重新获得主导权，而且会使你发现，掌控自己的情绪以后，所有的难题都能够轻松驾驭了！

1980 年美国总统大选期间，里根在一次关键的电视辩论中，面对竞选对手卡特对他在当演员时期的生活作风问题发起的蓄意攻击，丝毫没有愤怒，只是微微一笑，诙谐地调侃说："你又来这一套了。"一时间引得听众哈哈大笑，反而把卡特推入尴尬的境地，里根也从而为自己赢得了更多选民的信赖和支持，并最终获得了大选的胜利。

由此可见，只有先控制好自己的情绪，方能控制住整个局面。无论在什么场合、面临什么问题、受到什么影响，良好的自制力都能使人们保持一颗平常心，始终如一。一个自制力强的人，更容易管理自己的情绪，保持平静和愉快，即使遭遇低潮也会乐观地应对，能承担压力，而成为自己生活的主宰；他们容易理解别人，能够建立和保持和谐的人际关系，即使与人产生矛盾，也能有气度地以建设性的方式解决。这样的能力，决定了一个人一生的幸福和成功。

能否理性控制自己的冲动情绪是一个人心理素质的体现，以下是成功人士关于控制和调节自己的冲动情绪的经验之谈：

1. 要保持理智，遇事冷静些

理智地对待周围的人和事，理智地对待自己遇到的麻烦，不能头脑发热，意气用事。

2. 凡事要想长远，顾及后果

时刻以大局为重，以友谊为重，把个人的利益荣辱放在次要地位，这种品质往往能帮助人成就一番事业。

3. 加强自我修养，通达事理

成熟的人能够通过自己的努力来调节自己的气质。思想修养愈好，自觉调节气质的能力就愈强，遇事就可以站在更高的角度来处理。遇到不愉快的事，采取自我分心的办法，自觉地把注意力转到别的事情上。

4. 保持良好的心境，排除不良情绪

应防止因身体不适或疾病而影响心情，做到乐观、开朗、豁达。当心情好的时候，即使别人把自己一件心爱的东西弄丢，也不会发怒，心情不好时，别人友好地问个路，也会不耐烦。

3 控场的技巧

制约与掌控对方的秘诀

控场的终极目标在于向对方的大脑传输想法，并制约对方的行为。在人际交往中，如果你掌握了控场的技能和方法，你就可以影响和改变他人的心理和行为，让事情朝有利于自己的方向发展。

展示你的热情与友好

法国作家拉封丹写过这样一则寓言：

北风和南风比威力，看谁能把行人身上的大衣脱掉。北风首先来一个冷风凛冽寒冷刺骨，结果行人为了抵御北风的侵袭，便把大衣裹得紧紧的。南风则徐徐吹动，顿时风和日丽，行人因为觉得春暖上身，始而解开纽扣，继而脱掉大衣，南风获得了胜利。

这则寓言形象地说明了一个道理：温暖胜于严寒，热情胜于冷漠。人与人之间的交往需要的是热情而不是冷漠。只要我们用春天般的温暖去对待每一个人，就会赢得别人好感。

热情是良好人际关系的第一要素，在任何时候，保持热情总会让你受益匪浅。心理学家发现，"热情"是最能打动人、对人最具吸引力的特质之一。一个充满热情的人很容易把自己的良性情绪传染给别人。热情像一团火，可以照亮别人，感染别人，更可以使自己得到力量。

詹姆斯是德国某食品公司的一个销售员，凭着高超的推销技艺，他叩开了无数经销商森严壁垒的大门。一次他路过一家商场，进门后先向店员做了问候，然后就与他们聊起天来。通过闲聊，他了解到这家商场有许多不错的条件，于是想将自己的产品推销给他们，但却遭到了商场经理的严厉拒绝，经理直言不讳地说："如果进了你们的货，我们是会亏损的。"詹姆斯岂肯罢休，他动用了各种技艺试图说服经理，但磨破嘴皮都无济于事，最后只好十分沮丧地离开了。他驾着车在街上溜达了几圈后决定再去商场。当他重新走到商场门口时，商场经理竟满面堆笑地迎上前，不等他辩说，经理马上决定订购一批产品。

詹姆斯被这突如其来的喜讯搞懵了，不知这是为什么，最后商场经理道出了缘由。他告诉詹姆斯，一般的销售员到商场来很少与营业员聊天，而詹姆斯首先与营业员聊天，并且聊得那么融洽；同时，被他拒绝后又重新回到商场来的销售员，詹姆斯是第一位，他的热情感染了经理，为此也征服了经理，对于这样的销售员，经理还有什么理由再拒绝呢？

热情是世界上最宝贵的财富，没有其他任何东西能让人勇敢、精力充沛、引起别人的好感了。在人际交往中，处处让人感受到你的热情，那么他也会被你的热情所感染，自然会对你亮起绿灯。

热情是友善的标志。生活中，热情能给人以温暖，能促进人的相互理解，能融化冷漠的心灵。因此，待人热情是沟通人的情感，促进人际交往的重要心理品质。

1930 年，西蒙·史佩拉传教士每日习惯于在乡村的田野之中漫步很长的时间。无论是谁，只要经过他的身边，他就会热情地向他们打招呼问好。其中有个叫米勒的农夫是他每天打招呼的对象之一。米勒的田庄位于小镇的边缘，史佩拉每天经过时都看到他在田里勤奋地工作。然后这位传教士总会向他说："早安，米勒先生。"

当传教士第一次向米勒道早安时，这个农夫只是转过身去，像一块石头般又臭又硬。在这个小乡镇里，犹太人和当地居民处得并不太好，成为朋友的更绝无仅有。不过这并没有妨碍或打消史佩拉传教士的勇气和决心。一天又一天地过去，他持续以温暖的笑容和热情的声音向米勒打招呼。终于有一天，农夫向教士举举帽子示意，脸上也第一次露出一丝笑容了。

这样的习惯持续了好多年，每天早上，史佩拉会高声地说："早安，米勒先生。"那位农夫也会举举帽子，高声地回道："早安，西蒙先生。"这样的习惯一直延续到纳粹党上台为止。

史佩拉全家与村中所有的犹太人都被集合起来送往集中营。史佩拉被送往一个又一个集中营，直到他来到最后一个位于奥斯维辛的集中营。

从火车上被赶下来之后，他就等在长长的行列之中，静待发落。在行列的尾端，史佩拉远远地就看出来营区的指挥官拿着指挥棒一会儿向左指，一会儿向右指。他知道发派到左边的就是死路一条，发配到右边的则还有生还机会。

他的心脏怦怦跳动着，愈靠近那个指挥官，就跳得愈快。很快的，就要轮到他了，什么样的判决会轮到他？左边还是右边？

他离那个掌握生死的独裁者还有一段距离，但是他清楚，这个指挥官有权力将他送入焚化炉中。这个指挥官到底是个什么样的人？他怎么能在一天之中将千百人送入枉死城中？他的名字被叫到了，突然之间血液冲上他的脸庞，恐惧消失得无影无踪了。然后那个指挥官转过身来，两人的目光相遇了。

史佩拉静静地朝指挥官说："早安，米勒先生。"米勒的一双眼睛看起来依然冷酷无情，但听到他的招呼突然抽动了几秒钟，然后也静静地回道："早安，西蒙先生。"接着，他举起指挥棒指了指说："右！"他边喊还边不自觉地点了点头。"右！"——意思就是生还者。

人是很容易被感动的，有时候，仅仅是一个热情的问候，也可以融化冰山。《塔木德》上说："请保持你的礼貌和热情，不管对上帝，对你的朋友，还是对你的敌人。"热情是融化坚冰的力量，冷漠是隔离人心的高墙。人与人之间的交往从来都是相互的。你给人以阳光，反射回来的便是温暖；你给人以霜雪，回馈你的是寒冷。要想创造和谐的人际关系，我们就要多一份热情，少一点冷漠。

把话说到点子上，不要喋喋不休

《墨子·附录》中有这样一则寓言：

有一名学生向墨子请教："话多好吗？"墨子回答说："青蛙日夜鸣叫，可仍然没有人听；报晓公鸡一叫，天下为之震动。话不在多，关键在于合乎时宜。"

这个寓言告诉我们，啰唆一堆不如精练一句，语言在精不在多，这是语言沟通的中心观点。口才最差的人可能就是喋喋不休的人，但是他可能自己认为自己很棒。其实，如果一个人想要真正地把自己的话说得高效，就必须让自己的语言很简练，这样才能让对方很快明白你所说的意思。

讲短话讲到点子上，不是一件容易的事。因为把一项任务、一件事情、一个问题用最简洁、最精练的话说出来，没有严密的逻辑、清晰的思路，是难以做到的。

说话说到点子上，就是要言简意赅。即主题突出、准确、透彻、明了，"一针见血"、"一语中的"。要达到什么目的，说明什么问题，表扬或批评什么人和事，表达什么样的感情，要求别人做什么、不做什么，都要讲得清清楚楚、明明白白，不能让听众听了如坠入云雾中，丈二和尚摸不着头脑。

美国总统哈里·杜鲁门一生中最推崇简洁的语言，他曾说过："一个字能说明问题就别用两个字"。所以，最会说话的人不是口若悬河、滔滔不绝的雄辩之士，而是那些善于把话说到"点子"上的人。这样的人才是真正懂得控场技巧的人，他们懂得用最简单的语言把意思表达到位，懂得在最短的时间内把话说到点子上。

德国著名诗人和戏剧家贝托尔特·布莱希特讨厌那些冗长单调而又没有多大效果的会议。

一次，他去参加一个聚会，并受邀致开幕词。一开始，主办人讲了一通很长却没有什么实际内容的贺词，向到会者表示欢迎，然后，情绪激昂地宣布："现在，有请特邀嘉宾布莱希特先生为我们这次大会致开幕词。"

布莱希特听后，迅速站了起来，快步走向演讲桌前。到会的记者们赶紧掏出笔和小本子，照相机也咔嚓咔嚓响个不停。

不过，布莱希特却让某些人失望了，他只讲了一句话："我宣布，会议现在开始。"

人们先是惊诧，然后就是发自内心的欣喜，鼓起了热烈的掌声，在这种会议的形式程序上，大家的内心多么渴望着这样开宗明义、直截了当的话语呀。顿时，让萎靡不振、昏昏欲睡的人们感到精神百倍。

不言则已，言必有中。事实上，说话的关键并不在于你用多么高深的长篇大论使对方崇拜自己，而在于将你要告知的信息准确地传递到对方心中，即便语言朴实无华，只要你观点论述正确，表述有条不紊，那么你的谈话定能直通对方心中。

有句话说得好："吹笛要按到眼儿上，敲鼓要敲到点儿上。"会说话的人，往往会给听者提供大量的思想火花。就像很多时候，话并不在于字的多少，而在于准确度与精确度如何。如果你能句句说到点子上，句句说到人心坎里，那么你的语言自然就会着重出彩。

主编对实习记者说："我们的报纸不登载冗长的文章。您送来的稿件必须是情节紧张、体裁短小，使文章因短小而见长。"

因为城里刚发生了一起事故，于是记者便去警察局，去了遇难者家属那儿，调查了遇难者生前的习惯并探究了这件事故的深刻意义，然后写了一篇报道，并自认为言简意赅，但这还是招来主编的一顿训斥："这难道是一篇报道吗？简直是一部小说，这太长了！"

记者于是开始改写，并为自己的文采陶醉了一番以后，他又去了主编那儿。可是主编根本没有读完就说："还是太长！"现在记者发火了，他再次坐到打字机旁并猛击按键。然后他从打字机上用力扯下稿纸并冲向主编，把它用力摔在主编桌上。

这次确实相当短，仅仅用三句话："阿里拿了一根划亮的火柴，在看他汽车的油箱内是否还有汽油时，事故就这样发生了。火葬仪式在星期二10：00举行。"

其实，真正打动人心的语言往往不是长篇大论，而是那些简洁有力的话语。所以，人们在谈话时应遵循简洁的原则，甚至要"惜字如金"。

古语云："言不在多，达意则灵。"语言是传递信息和交流思想的工具，思想工作的技巧和表现手法主要体现在语言的运用上。要语不繁，字字珠玑，简练有力，能使人不减兴味；冗词赘语，语绪唠叨，必令人生厌。因此，和别人交谈，说服别人时，要"筛选"、"过滤"出最精辟的，恰如其分地表情达意的语句，尽可能以节俭的语言表达出深刻的内涵。这样才可能更快、更准地说服别人，取得说服的成功。

据说，有人曾去询问马克·吐温："演说是长篇大论好呢，还是短小精悍好？"马克·吐温没有正面回答，而是讲了一个有趣的故事：一个礼拜天，他到教堂去，适逢一位慈善家正用令人哀怜的语言讲述非洲慈善家的苦难生活。当慈善家讲了五分钟后，他马上决定对这件有意义的事情捐助五十美元；当慈善家讲了十分钟后，他就决定将捐款减至二十五美元了；当慈善家继续滔滔不绝讲了半小时之后，马克·吐温又决定减到五美元；慈善家又讲了一个小时后，拿起钵子向大家哀求捐助，并从马克·吐温面前走过时，马克·吐温却反而从钵子里偷走了两美元。马克·吐温原本决定捐助五十美元，最后却变成偷走两美元，似乎太不近情理，但细想起来，却是理所当然的。

鲁迅说过："时间就是生命，无端空耗别人的时间，其实是无异于谋财害命的。"那位慈善家本来只需五分钟就能讲完的话，却滔滔不绝地拉长到六十分钟，致使他的说话形象一落千丈，说话风格令人生厌，这怎能不引起马克·吐温的反感，以至于恶作剧地从那位慈善家的钵子里偷走两美元。关于这一点，我们特别要注意。

满嘴跑火车，词不达意，说得再多也无济于事，反倒让人生厌。话不在多而在精，一个会说话的人，往往语言精练，句句都说到别人心里；不会说话的人，总是语无伦次，话说不到点子上。所以，话不在多而在精，精练的语言往往更能打动人心。

与其夸夸其谈，不如沉默寡言

俗话说："言语伤人，胜于刀枪；刀伤易愈，舌伤难痊。"沉默是一种行之有效的控场手段，它和语言相比，更富有理性，更富有智慧，也更富有内涵。当你遭受到别人的无端指责和恶意诋毁的时候，你不妨保持一下沉默，因为，沉默是金，沉默更是一种力量。当你保持沉默时，对方往往由于不知道你的底牌而感到无穷的压力，这时，他的意志也将会受到动摇甚至不战自溃；如果此时你进行了反抗和争辩，那么，你的愚昧行径必将给对方以可乘之机，这样一来，不但不会得到任何友善的结局，反而会使自己进一步陷入被动和尴尬的窘境，同时也会大大的诋损了自己的完美形象。

禅宗初祖达摩禅师品德高尚，在世传道时便深受世人的敬仰，却也有人因嫉妒其才能和品德，四处散播谣言以破坏他的名声。

一天，有一个人当着达摩禅师与众人的面，毫无缘由却心怀不平地对达摩禅师破口大骂。然而，不管那个人的态度是如何恶劣，言语是如何不可理喻，达摩禅师却始终不发一言，微笑着面对他。等到那个人骂累了停下时，达摩禅师才开口轻声说："我的朋友！如果有人要送礼物给别人，可是对方并不接受，请问，礼物应该属于谁？"那人没料到达摩禅师有此一问，便不假思索地回答说："对方既然不愿意接受，当然属于送礼人。"

达摩禅师继续微笑着说："你刚才的言辞我不接受，那么这些谩骂之词又将属于谁呢？"那人一时为之语塞，继而冷静一想，省悟了自己的过错，于是向达摩禅师道歉认错，并发誓以后绝不再说他人的坏话。

达摩禅师以自己的亲身经历谆谆告诫弟子们说："在遭受他人的谩骂时，人往往会想骂回去，其实这样的做法就好像站住仰头向空中吐唾液，不但不能污人，反而污了自己。"

这个故事说明了一个事实："沉默"的力量是何其地大，面对"沉默"，所有的语言力量都消失了！

沉默是人们表达力量并使自己处于主动地位的一种控场技巧。许多人经常利用"沉默"这一策略来击败对手。他们可以制造沉默，也有方法打破沉默。当然，沉默并不是简单地一味不说话，而是一种成竹在胸、沉着冷静的姿态，尤其在神态上表现出一种运筹帷幄、决胜千里的自信，以此来逼迫对方沉不住气，先亮出底牌，从而达到自己的目的。

沉默有时候胜过激烈的争论，它可给对方以有力的还击，同时也会尽显沉默者的大度与智慧。诗云："此时无声胜有声。"默默无言反而会使对方摸不着边际，高深莫测，使其慑服，老子曰："大辩不言"也就是这个道理。沉默不是退缩，也不是懦弱的表现，而是一种美德，是一种智慧。

爱伦堡的长篇小说《暴风雨》出版后，在社会上引起轰动，褒贬不一，莫衷一是。某报主编不知从哪里了解了斯大林对《暴风雨》有看法，说是"水杯里的暴风雨"。

显然该书应该批判。为了讨好领导，主编就组织编辑部讨论这部小说，以表示该报的政治敏感和高度的警惕性，表明该报鲜明的立场。

讨论进行了数小时，发言人提出不少批评意见。由于主编的诱导，每个人的言辞都很尖刻，如果批评成立的话，足以让作家坐几年牢。可是在场的爱伦堡极为平静，他听着大家的发言，显出令人吃惊的无动于衷，这使与会者无法忍受，纷纷要爱伦堡发言，从思想深处批判自己的错误。

在大家的再三督促下，爱伦堡只好发言。他说："我很感谢各位对鄙人小说产生这么大的兴趣，感谢大家的批评意见。这部小说出版后，我收到不少来信，这些来信中的评价与诸位的评价不完全一致。这里有封电报，内容如下：'我怀着极大兴趣读了您的《暴风雨》，祝贺您取得了这么大的成就。斯大林。'"

主编的脸色很难看，以最快的速度离开会场，那些批判很尖刻的评委们也纷纷离开了。爱伦堡轻轻地摇摇头："都怨我，这么过早地发言，害得大家不能再发言了。"

看来，不争辩也是保持沉默的一种有效方式。爱伦堡的聪明在于，如果他据理反驳，必能激起别人更加尖锐的批评，这种场合，最明智的做法就是保持沉默，褒贬随人。所以说，在现实生活中，只要我们能够适当地运用沉默、不争辩的方法，就可以以弱胜强、以柔克刚。

晏子是春秋战国时期一位相当有才干的政治家。一次，齐景公命他去治理东阿，晏子非常高兴地接受了这个任务。可是 3 年后，许多人都来朝廷告晏子的状，景公非常恼怒，便将晏子召回来，准备罢免他的官职。

晏子没有急于为自己辩解，而是摆出一副谦恭的态度"认错"。为了有机会替自己澄清事实，晏子非常谦恭地说："臣已知错，请大王再给臣 3 年的时间，臣一定会让别人对我赞赏有加。"景公见他言辞恳切，知错必改，就答应了他的请求。

3 年过去了，果然称赞晏子的奏折不断被送到景公手上。景公大为高兴，召晏子入朝准备予以封赏。不料，晏子却诚惶诚恐地不肯接受。

在景公的一再追问下，晏子道出了缘由："第一次我去东阿，施行有利于百姓的政策，遭到坏人的指责；我主张勤俭节约，尊老爱幼，惩治贪官污吏，于是在暗地里备受打击报复；权贵犯法，我也严加惩治，毫不宽恕，于是权贵们嫉恨我。他们对我恶语中伤，直至在背后告我黑状。"

晏子舒了口气继续说道："第二次去的时候我就改变了做法。我拖延实施利民措施，坏人为此开心了；我释放鸡鸣狗盗之徒，无赖们为此高兴了；我偏袒权贵，即使他们犯法我也不予以惩治，权贵们为此无怨言了。于是这些人又到处颂扬我，传到您的耳里，您也信以为真了。3 年前其实我该受赏，您却要处罚我；现在我该受罚，您却要封赏我。所以大王，这个赏我是万万不能接受啊！"

齐景公听后恍然大悟，知道了当初是自己冤枉了晏子。看到晏子是一位有德有才的良臣，就交给他治理全国的重任。

事实胜于雄辩，我们在蒙冤时不如把争论放在一边，让事实说话。受得住委屈，方能保全自己，经得起冤屈，事理才能得到伸直。受不得委屈，只会丢人现眼，遭受更大的屈辱。

俗话说："言语伤人，胜于刀枪；刀伤易愈，舌伤难痊。"遇到意见不合引发争执，沉默则能缓和双方的言辞冲突，利于化解矛盾。所以说，赢得争论的秘诀就是不做无谓的争论，学会保持沉默，这是以静制动的策略，是聪明人在言谈中明智的表现。

该说"不"的时候就要勇敢说"不"

拒绝是一门人生的学问，也是一门人生的艺术。王家卫电影里有一句经典的台词："要想不被别人拒绝，你最好先拒绝别人。"这就告诉我们，如果你想在交往中获得主动权，首先要学会拒绝。要知道一味地逢迎、妥协、逆来顺受并不会得到别人的尊重，反而会让别人看轻你自己。如果你适当地拒绝，拒绝得有理，你不但不会得罪对方，还会让对方尊重你，对你刮目相看。所以，一位哲人说："学会了拒绝，是一个成熟的标志之一。"

李欣是某公司的职员，他平日里少言寡语，不善言谈。有一次，老板却派给他一个任务，去出差催款。

李欣性格内向，不善于和别人打交道，催款这种事情他肯定做不来，应该交给能说会道、善于交际的人去做才好。李欣心里这么想，却不敢说出来，也没有勇气拒绝老板，只好硬着头皮答应了。

来到目的地，对方热情招待李欣，酒桌上对方要李欣喝酒。李欣坚持自己的原则，一口也不喝，让对方下不了台。对方一气之下，编了一个理由，把李欣打发走了。李欣没有完成任务，老板自然非常生气。老板说："如果你办不到，为什么还要答应？这是工作，不是游戏，逞什么英雄！"

故事中的李欣由于当初不好意思拒绝，最终没有完成老板交代的任务，受到了老板的批评。这对我们是个值得吸取的教训。所以，适当地学会拒绝，对一些自己不能做、不该做的事都要敢于拒绝，这是维护自身尊严、保证自己利益的重要手段，也是制约他人的控场技巧。不懂拒绝，你就会处于被动，被人牵着鼻子走。

生活中，我们要敢于拒绝，也要善于拒绝，既要能够拒绝别人，又不能让对方太尴尬和难堪。一旦确定要拒绝对方，心意就要坚决，但拒绝的方法则不要过于僵硬。下面介绍几种拒绝的方式：

1. 幽默的拒绝

交往中，有时会遇到不好正面拒绝对方，或者对方坚决不肯更改要求或条件情况，这时，你无须直接加以拒绝，相反可以全盘接受。然后根据对方的要求或条件推出一些荒谬的、不现实的结论来，从而加以否定。这种拒绝法，往往能产生幽默的效果。

有一个时期，苏联与挪威曾经就购买挪威鲱鱼进行了长时间的谈判。在谈判中，深知贸易谈判诀窍的挪威人，开价高得出奇。苏联的谈判代表与挪威人进行了艰苦的讨价还价，挪威人就是坚持不让步。谈判进行了一轮又一轮，代表换了一个又一个，还是没有结果。

为了解决这一贸易难题，苏联政府派柯伦泰为全权贸易代表。柯伦泰面对挪威人报出的高价，针锋相对地还了一个极低的价格，谈判像以往一样陷入僵局。挪威人并不在乎僵局。因为不管怎样，苏联人要吃鲱鱼，就得找他们买，是"姜太公钓鱼，愿者上钩"。而柯伦泰是拖不起也让不起，而且还非成功不可，情急之余，柯伦泰使用了幽默法来拒绝挪威人。

她对挪威人说："好吧！我同意你们提出的价格。如果我的政府不同意这个价格，我愿意用自己的工资来支付差额。但是，这自然要分期付款。"堂堂的绅士能把女士逼到这种地步吗？所以，在忍不住一笑之余，就一致同意将鲱鱼的价格降到一定标准。柯伦泰用幽默法完成了她的前任们历尽千辛万苦也未能完成的工作。

2. 假托直言

直言是对人信任的表现，也是对方关系密切的标志。但是多数情况下直言因逆耳而不能收到预期的效果。在这种情况下，要拒绝、制止或反对对方的某些要求、行为时，可采取假托由于非个人的原因作为借口从而加以拒绝，这样对方就容易接受。

某报社的销售员登门拜访，要求你订阅他们发行的报纸，可你不想订阅。你可以很有礼貌地说："谢谢。你们的服务很周到，可是我家已经订阅了其他几家报社的报纸了，请谅解。"

3. 模糊应对

如果由于某种原因不愿意或不便于把自己的真实想法说给对方，这时可以用模糊语言来应对。例如：

在医院里，一位患有严重疾患的病人问医生："我的病是不是很严重，还有康复的希望吗？"

医生回答："你的病确实不轻，但是经过治疗，安心静养，慢慢会好的。"

这里的"慢慢会好"就是模糊语言。这"慢慢"是多久，是说不清的，但给病人以希望，对病人是一个极大的安慰。

4. 另指出路

当你对朋友的要求感到力不从心或者不乐意接受的时候，你可以采用另指出路的办法，以解决问题。

李丽当上某银行人事处处长后，就忙了起来，很多人都登门来求她帮忙，让她很是头疼。有一天，又有人来到李丽家，这次来的人正好还是她的老同学。"我儿子大学毕业一年了，工作一直不顺心，想换工作，所以来找老朋友想想办法。"老同学开门见山地说。"他学的是什么专业？"老同学把儿子的资料递给李丽，看过资料后，李丽知道自己帮不了，因为不仅专业不对口，这个孩子的外语水平也不行，这明显不符合银行的要求。但是李丽也清楚，不能直接拒绝，否则就太不给老同学面子了。"真是不巧，我们最近没有招聘人的计划，不过你别担心，我认识一个朋友，他那里似乎在招人。"说完，李丽把朋友的联系方式抄了一份交给老同学。虽然没有办成事，但那个老同学还是很感谢李丽。

5. 以"他人"为借口

以他人为借口，这个"他人"是否说过你想借用的话不要紧，只要将眼前难办的事推托掉而又不丢别人的面子，就达到了目的。

小王在电器商场工作。一天，他的一位朋友来买彩电。看遍店里陈列的样品，他还没有找到令自己十分满意的那种。最后，他要求小王领他到仓库里去看看。小王面对朋友，"不"字出不了口。于是，他笑着说："前几天，我们经理刚宣布过，不准任何顾客进仓库。"尽管小王的贫农工友心中不悦，但毕竟比直接听到"不行"的回答要好多了。

倾听，最有效的沟通方式

在当今这个浮躁的社会中，很多人缺乏耐心，更没有耐心听别人讲话。时间一久性情也变得急躁，对倾听显得腻烦，常常是还未等到对方把话说完，就予以否定，然后以十分武断的口气阐述自己的观点。这类人往往是想通过"短、平、快"的方式来解决问题，并展示自己雄辩的口才。但这样做，却往往得不到别人的认同，无法真正解决问题，也无法达到真正的沟通，更不要说建立彼此之间的友谊了。

戴尔·卡内基在《人际关系》一书中，叙述了一个他亲身体验的小故事：

最近，我参加了一个桥牌集会。在场的一位金发女郎听说我过去在欧洲待过不少时间，休息时，她对我说："卡耐基先生，能给我谈谈欧洲吗？那里一定有许多美妙的地方和美丽的景色。"

我们在沙发上坐下来时，她说她和她的丈夫刚从非洲回来。

"啊，非洲！"我叫起来，"那地方太有意思了。我一直想看看非洲，可我始终没这缘分。你去过那个传闻中的狩猎王国吗？你太幸运了！能告诉我那里到底是怎么样吗？"

45分钟过去了。她再也没有问我到过什么地方，看到过些什么。事实上她并不想听我谈自己的旅行。她所要的只是一个有兴趣的听者，这样才能提高她的自尊。

分别的时候，她对主人说我是一个"最有意思的人"，是一个"最有意思的谈话家"。

一个最有意思的谈话家？可我几乎没有说过什么话。我所做的只是：专心地倾听。

我对非洲一无所知，就像我对企鹅解剖一窍不通一样。我真诚地对我不了解的事情感兴趣，这一点对方是能够感觉到的，所以她很高兴。

在人际交往中，作为尊重他人的一种表现，善于倾听的作用是非常重要的。心理学研究表明，越是善于倾听他人意见的人，与他人关系就越融洽。因为倾听本身就是褒奖对方谈话的一种方式，你能耐心倾听对方的谈话，等于告诉对方"你是一个值得让我倾听你讲话的人"。

倾听是人际交往中一项很重要的制胜法宝。一个在人群中滔滔不绝的人或许很容易得到大家的尊敬和钦佩，可是一个懂得倾听并善于鼓励别人的人，能更容易得到他人的好感和信任。在谈话过程中，你若耐心倾听对方谈话，等于告诉对方："你说的东西很有价值"或"你值得我结交"，等于表示你对对方有兴趣。同时，这也使对方感到他的自尊得到了满足。由此，说者对听者的感情也更进一步了，"他能理解我""他真的成了我的知己"。于是，二人心灵的距离缩短了，只要时机成熟，两个人就会很谈得来。

美国的一家化妆品公司曾有一名优秀的"推销冠军"。一天，他还是和往常一样，把公司里刚出的化妆品的功能、效用告诉顾客，然而，他所介绍的女主人并没有表示出多大的兴趣。于是，他立刻闭上嘴巴，开动脑筋，并细心观察。

突然，他看到阳台上摆着一盆美丽的盆栽，便说："好漂亮的盆栽啊！平常似乎很难见到。"

"你说得没错，这是很罕见的品种。同时，它也属于吊兰的一种。它真的很美，美在那种优雅的风情。"

"确实如此。但是，它应该不便宜吧？"

"这个宝贝很昂贵的，一盆就要花 700 美金。"

"什么？我的天哪，700 美元？那每天都要给它浇水吗？"

"是的，每天都要很细心地养育它……"

女主人开始向销售员倾囊相授所有与吊兰有关的学问，而他也聚精会神地听着。

最后，这位女主人一边打开钱包，一边说道："就算是我的先生，也不会听我嘀嘀咕咕讲这么多的，而你却愿意听我说了这么久，甚至还能够理解我的这番话，真的太谢谢你了。希望改天你再来听我谈兰花，好吗？"

随后，她爽快地接过了销售员手中的化妆品。

人们都喜欢善于倾听的人，倾听是使人受欢迎的基本技巧。人们被倾听的需要，远远大于倾听别人的需要。倾听是心与心的交流。一位伟人曾经说过"喜欢倾听的民族，是一个智慧的民族，不喜欢倾听的民族，永远不会进步"。善于倾听的人，会有很多朋友。

倾听是人与人交往的一个必要前提，倾听需要专心，每个人都可以透过耐心和练习来发展这项能力。倾听是了解别人的重要途径，为了获得良好的效果，我们有必要了解一下倾听的方式。

1. 专注认真地倾听

倾听时要精神集中，神情专注。多与对方交流目光，别人讲话时要适时点头，并发出"是"、"对"、"哦"等应答。但不要轻易打断别人的谈话，也不要随便插话，若非插话不可，要先向对方表示抱歉，并征得对方同意，如"对不起，我可以提个问题吗？"或"请允许我打断一下。"

2. 适时适度的提问或插话

适时适度地提出问题是一种倾听的方法，它能够给讲话者以鼓励，有助于双方的相互沟通。如："您说得对"，"应该是这样"，"您讲得有趣极了"，"是吗?""以后怎样了呢?"或采用"嗯"等副语言与讲话者相呼应。当对方要终止讲话时，而你又需要让对方继续下去，可选择对方常提出的某一地方、某一人，进行问询，使对方感兴趣。这样，谈话就会继续进行。

3. 通过倾听捕捉信息

倾听是捕捉信息、处理信息、反馈信息的需要。一般来说，谈话是在传递信息，听别人谈话是接受信息。一个善于倾听的人应当善于通过交谈捕捉信息。听比说快，在聆听的空隙时间里，你应思索、回味、分析对方的话，从中得到有效的信息。

4. 学会察言观色

在人际交往中，很多人口中所道并非肺腑之言，他们的真实想法往往隐藏起来，所以在听话时，你就需要注意琢磨对方话中的微妙感情，细细咀嚼品味，以便弄清其真正意图。

5. 不要随便打断别人讲话

交谈中要尊重对方的观点，即使你不同意别人的看法，也不要轻易打断别人的谈话。如确有必要，需等人家讲完后再阐明自己的观点。特别是对方还没有充分地把自己的意思表达清楚的时候，不要轻易表态，乱下断语，也不要挑剔批评。

6. 用肢体语言作出反馈

倾听对方谈话的同时，通过微笑、点头、眼神等适当的身体语言，表示你对讲者所说内容的态度。反馈你赞同或持疑义的意见信息。最能调动说话者积极性的，莫过于让他感到别人对他的话感兴趣。而要让他有这种感觉，你就要对他的话有适当的表情。比如欣赏地点点头，适当地微笑，都可以作为正在用心地倾听的表现。恰当、得体地使用肢体语言做出得体的反应，不但表现出对他人的尊重，同时也能刺激对方更全面地表达自己的需求和谈话重点。

7. 交谈中要注意控制自己的情绪

有时会因为对方过长的发言或自己不感兴趣的话题而感到厌烦，这时要学会控制自己的情绪，不要表露出来，要耐心听他把话讲完，这是对讲话人的尊重。特别是对方有意见的时候，要耐心倾听，给对方提供宣泄自己不满的机会，有助于问题的解决。

总之，倾听是控场的一种技巧。学会倾听能正确完整地听取自己所要的信息，而且还会给人留下认真、踏实、尊重他人的印象。

恰当地发问，诱导对方说出你想要的信息

人与人之间的交流是双方的沟通。最忌讳的是对方始终沉默不语。那么如何打开对方的话匣子呢？最好的方法是提问。光是自己不断地说话，是无法了解对方关心的问题的，所以让对方说话，非常重要。

提问是引导话题、展开交谈的一个好方法。提问对于促进交流、获取信息、了解对方都有着十分重要的作用。善于提问，你就能够掌握谈话的进程、控制会话的方向、开启对方的心扉。

在一个谈论自己成功之道的宴会上，众多成功的企业家因为各

种事务的繁忙而无暇出席。王涛的老板由于有重要事情要办而无法出席，便让公司职位最高的王涛代表自己来参加这次宴会。

王涛本打算露露脸应付一下就行了。没想到的是，全场只有6桌的晚宴，王涛偏又被拉到了主桌，坐在他旁边的是一个身价不菲的富翁。

然而，王涛觉得很难熬。可是，他只说了一句话，那位富翁整晚就滔滔不绝。王涛的那句话就是巧妙的发问。王涛只是问："早就听说您公司的大名了，请教您的生意是怎样成功的？"一句巧妙的发问便让那位富翁眉飞色舞地讲起他白手起家的奋斗过程，不仅使王涛摆脱了尴尬的身份处境，还学习了一些宝贵的创业经验。

人与人之间的交谈离不开提问，恰当的提问不仅能让你获得信息和知识，同时还可以帮助你了解对方的需要和追求，从而达到与别人之间的沟通、交流和互助，促进事业的成功。

提问几乎人人都会，但事实上提问并不是那么简单的事情，恰当合适的提问方式能够收到别人良好的回应，反之则有可能遭到别人的拒绝。

凤凰名嘴阮次山在《风云对话》中，访谈新西兰新上任的年轻帅气总理约翰·基时，是这样开始的"听说您的手臂摔伤了，现在好些了吗？"

总理笑笑答道："已经没事了，我当时是在一个庆祝中国牛年新年的活动中，不小心滑了一下，用手撑地，就折了。他们给我打了石膏，后来这个石膏拍卖所获得的款项都已经捐给了慈善基金会。"

"您确定已经没事了啊。"

"哈哈没事。"约翰还随手做了动作。

这种高端访谈本来就是很具有严肃性、政治性的，但是阮次山却运用了这样的一个关心身体健康的问题作为开始，既把双方都带入了一个轻松的环境，让对方放松，以便能有利于随后的访问，又让对方的回答能够表现出他对中国的友好和他对慈善的关心贡献。

一石二鸟，可谓是高明的提问。

伏尔泰说："判断一个人凭的是他的问题，而不是他的回答。"确实，问题提得好，是引导话题、控制场面的一项标志。懂得恰当提问，才能够主导沟通方向，从而使提问者更好地掌握沟通的主动权，能够帮助提问者了解更多的情况，然后与对方和谐讲话。

那么，怎样做到"善问"呢？

1. 把握时机

提问要注意把握好时机，不要在别人谈得兴起的时候提问，这会打断他的谈话，并且使他产生不悦的情绪，甚至有可能不回答你的问题。

2. 胸有成竹地问

较重要的交谈，要想好顺序，先问什么，后问什么，最后问什么，总体上要问清哪些事，心中要有谱，要有一个通盘考虑，力求发问的最佳效果。

3. 适可而止地问

问答是双边活动，必须使对方乐于回答。问话后要察言观色，从对方表情中获得信息反馈。对方低头不语或答非所问，可能是表示他不感兴趣或不能回答，就要善于调换话题；对方面露难色或有疲劳厌倦感，就不能穷追不舍，应适时停止。一般不要冒昧地问对方的工资收入、家庭财产、个人履历等问题。

4. 保持灵活态度

发问不仅仅是口才的问题，还是一个人的思维能力问题。提出一个问题后，你要仔细聆听对方的谈话，并注意观察对方谈话中的一切细节，积极开动脑筋，去发现新的问题，新的疑点，并立即抓住，追问下去，弄个水落石出。此外，你还要注意对方回答问题的态度，一旦发现他避开某些东西，你可以打断他的话，试探他的反应，也可以用眼睛带着双关的意义盯住他，持续一段时间，直到使他变得不安为止。这时，他往往会在无意中脱口说出你最希望得到的东西。

5. 彬彬有礼地问

要恰当地使用表示尊重的敬语"请教""请问""请指点"等；要恰当使用表示谦恭的谦语，如"多谢你提醒""您的话使我顿开茅塞""给您添麻烦了"等；在对方答话离题太远时，还要用委婉语控制话题，如"请允许我打断一下……""这些事你说得很有意思，今后我还想请教，不过我仍希望再谈谈开头提的问题……"这样就自然地把话题引过来。问话时不要板起面孔。"笑容是你的财产。"微笑着问话，会使人乐于回答。

6. 措辞要得体

为了表达明确，避免造成麻烦和误解，提问时仔细选词择句是很重要的。所以必须要寻求最佳的表达方式。诸如"你有什么理由可说？"这类问题，很容易引起对方的不快，但如果换一种措辞："你对此事有何感想？"就可以使谈话继续下去。

互动，在你来我往中交流观点

沟通是一门语言艺术，也是一种控场技巧，它是个人素养中决定成功与否的重要指标之一。一个善于沟通的人，无论做任何事情都可以如鱼得水，游刃有余。

沟通是人与人之间、人与群体之间思想与感情的传递和反馈的过程，以求思想达成一致和感情的通畅。央视著名节目主持人白岩松曾说："每个生命都需要表白。"那么，与表白如影随形的便是人际关系之间的沟通。只有沟通，才能让别人了解自己，同时自己也才能了解别人；只有沟通，才能不断增进彼此的理解，从而减少或避免一些不必要的误会和摩擦。

沟通的重要性不言而喻，然而正是这种大家都知道的事情，却又常常被人们忽略。有些时候，面对面的两个人，说着同一件事情，却永远找不到共同点，以至无法沟通。为什么呢？原因就是忽略了沟通的双向性。

春秋时期，孔子和他的弟子一起周游列国，游说讲学。路上经过一个小国，因为国内大旱，遍地饥荒，几乎没有任何食物可以充饥。大家都饿得头昏眼花，于是，颜回让众人休息，他亲自去附近的另一个小国买回了食物，并且忍着饥饿给大家做饭。

不消片刻，米饭的香味就四散飘出，饥肠辘辘的孔子，禁不住饭香的诱惑，就缓步走向厨房，看看饭是否已经好了。不料孔子走到厨房门口时，只见颜回掀起锅的盖子，看了一会儿，便伸手抓起一团饭来，匆匆塞入口中。孔子看到颜回的举动，心中顿生一股怒气，想不到自己最钟爱的弟子，竟然偷吃饭！

颜回双手捧着一碗香喷喷的白米饭端给孔子时，孔子正端坐在大堂里，沉着脸生闷气。

孔子看到颜回手中的米饭说道："因为天地的恩德，我们才能生存，这饭不应该先敬我，而要先敬天地才是。"颜回说："不，这些饭无法敬天地，我已经吃过了。"孔子心生不快，生气地说："你既知道，为什么还自行先吃？"颜回笑了笑："我刚才掀开锅盖想看饭煮熟了没有，正巧顶上大梁有老鼠窜过，落下一片不知是尘土还是老鼠屎的东西，正好掉在锅里，我怕坏了整锅饭，赶忙一把抓起，又舍不得浪费那团饭粒，就顺手塞进嘴里。"

听到此处，孔子恍然大悟。原来有时连亲眼所见的事情也未必就是真实的，真实，只靠臆测就可能造成误会。于是他欣慰地接过颜回捧给自己的饭。

沟通是双方面的事情，如果任何一方积极主动，而另一方消极应对，那么沟通也是不会成功的。试想故事中的孔子和颜回，他们忽视沟通的双向性，结果会怎样呢？如果颜回没有和孔子及时沟通，那么孔子就很有可能会错怪颜回，并且对他失望，认为他是一个行为不端之人；而颜回自此也就不能得到孔子的厚爱。这样的结果对谁都不公平。所以，有效的沟通是一种把自己的意思真正传给别人，且为别人觉知到的行为。为了实现有效的沟通，就往往需要更多的双向的交流，更多的反馈。

沟通是一门很深的学问。每一次的沟通都是一种双向交流，沟通必须发生在两个或者两个以上的主体之间，有一个由此及彼的过程。核心体现了一个双向互动。注重的是人与人之间的交流。这是人际沟通的一个显著特点。所谓"双向"指的是双方的信息沟通，是一方的语言信息作用于另一方，而另一方在此作用下又做出相应的语言反应。所谓"互动性"指的是双方交际彼此的语言均受到对方语言信息的影响，相机对自身的语言行为做出调控，这就需要一定的应变能力。因此，人际沟通是一个听方与说方双向互动的过程，不是听和说的简单相加。只有双方处于互动的状态，才是真正意义上的沟通。

一个小公主病了，她娇憨地告诉国王，如果她能拥有月亮，病就会好。国王立刻召集全国的聪明智士，要他们想办法拿月亮。

总理大臣说："它远在三万五千里外，比公主的房间还大，而且是由熔化的铜所做成的。"

魔法师说："它有十五万里远，用绿奶酪做的，而且整整是皇宫的两倍大。"

数学家说："月亮远在三万里外，又圆又平像个钱币，有半个王国大，还被粘在天上，不可能有人能拿下它。"

国王又烦又气，只好叫宫廷小丑来弹琴给他解闷。小丑问明一切后，得到了一个结论：如果这些有学问的人说得都对，那么月亮的大小一定和每个人想的一样大、一样远。所以当务之急便是要弄清楚小公主心目中的月亮到底有多大、多远。

于是，小丑到公主房里探望公主，并顺口问公主，"月亮有多大？""大概比我拇指的指甲小一点吧！因为我只要把拇指的指甲对着月亮就可以把它遮住了。"公主说。

"那么有多远呢？""不会比窗外的那棵大树高！因为有时候它会卡在树梢间。"

"用什么做的呢？""当然是金子！"公主斩钉截铁地回答。

比拇指指甲还要小、比树还要矮，用金子做的月亮当然容易拿啦！小丑立刻找金匠打了个小月亮、穿上金链子，给公主当项链，公主好高兴，第二天病就好了。

人与人之间的沟通是一个双向互动的过程，也是一个情感交流的过程。沟通是双方面的事情，不是一方滔滔不绝地说，另一方却傻傻地听。只有通过双方的交流了解，才能更好地解决问题，甚至消除彼此的误解。

总之，双向沟通原则是人际交往艺术中最基本的原则之一。人与人之间的沟通，一定不要忽视沟通的双向性。

有时候，妥协也会让你占据主动

山，固然高傲、巍然耸立，但它又不得不让出些许地方，让水随意流动，让花草树木繁衍生息。大自然的妥协，在某种程度上来说，是为了让各种事物之间达到和谐融洽的有机结合，让强与弱共存，大与小共生，美与丑同在，唯有如此，才会装扮出五彩的世界。

山与水在大自然中的妥协，让世界变得如此美丽，那么人与人之间的妥协，也必定会让人际关系变得一片和谐。

爱丽丝小姐住在纽约一个森林公司附近，因此她经常带着她的蜜雪儿——一只小沙皮狗去散步，蜜雪儿是一只和善而不伤人的小狗；因为在公园里很少碰到人，爱丽丝时常不给蜜雪儿系狗链或戴口罩。

一天，爱丽丝正牵着她的狗散步时，碰到一位骑马的警察，他好像迫不及待要表现出他的权威。

那位警察向爱丽丝呵斥道："你为什么让你的狗跑来跑去，不给它系上链子或戴上口罩，难道你不晓得这是违法的吗？"

爱丽丝轻柔的回答："是的，我晓得，不过我认为它不至于在这儿咬人。"

"你不认为！你不认为！法律是不管你怎么认为的，它可能在这里咬死松鼠，或咬伤孩子。这次我不追究，但假若下回给我看到这只狗没有系上链子或套上口罩在公园里的话，你就必须跟法官解释啦。"

爱丽丝客客气气地答应照办。

爱丽丝确实照办了，并且是好几次。但是，她的小狗不喜欢戴口罩，因此，她们决定碰碰运气。事情很顺利，但接着她们撞上了暗礁。

一天下午，爱丽丝和蜜雪儿在一小山坡上赛跑。突然间，很不幸的是，爱丽丝看到先前那位骑马的警察。蜜雪儿跑在前头，直向那位警察跑去。

这下糟了，爱丽丝决定不等那位警察开口就先发制人。她说："警官先生，这下你当场逮住我了。我有罪，我没有托辞，没有借口了。你上星期警告过我，若是再带小狗出来而不替它戴上口罩你就要罚我。"

"好说，好说，"警察回答的声调很柔和，"我晓得在没有人的时候，谁都忍不住要带这么一条小狗出来。"

爱丽丝回答："的确是忍不住，但这是违法的。"

警察反而为爱丽丝开脱道："像这样的小狗大概不会咬伤别人吧。"

"不，它可能会咬死松鼠。"爱丽丝说。

"哦，你大概把事情看得太严重了，"那位警察告诉爱丽丝，"我们这样办吧。你只要它跑过小山，到我看不到的地方——事情就算了。"

那位警察同样也是人，他要的是一种重要人物的感觉；因此，当爱丽丝向他妥协并责怪自己的时候，唯一增强他自尊心的方法，就是以宽容的态度表现慈悲。

但如果爱丽丝有意为自己辩护的话——嗯，你是否跟警察争辩过呢？结果可想而知。

不过，爱丽丝不和他正面交锋，她向那位警察妥协，爽快地、坦白地承认自己错了。因为爱丽丝向那位警察妥协，警察反而为她说话，整个事情就在和谐的气氛上结束了。

爱丽丝的亲身经历告诉我们，妥协是人在群体生活当中必须学会的一种本领和技能。妥协需要一种高超的忍耐和涵养。人与人之间的妥协，是一种谦让、一种大度、一种宽容。当两个人之间发生摩擦或者冲突时，相互妥协，就会化干戈为玉帛。

现代生活中，妥协已成为人们交往中一道不可缺少的润滑剂，发挥着越来越重要的作用。许多非常有成就的伟人，最过人之处也就是他们学会妥协，能吸纳与自己意见相左的观点。

松下幸之助在创立自己的公司后，对公司员工的要求非常严格，每次大的决策势必亲自参加。但是他并不是一个只看中自己，完全不听取其他人意见的人。

在一次决策会上，松下对一位部门经理说："我个人要做很多决定，并要批准他人的很多决定，实际上只有40％的决策是我真正认同的，余下的60％是我有所保留的，或我觉得过得去的。"经理觉得很惊讶，假使松下不同意的事，大可一口否决就行了，完全没有必要征求旁人的意见。

松下接着说："我不可以对任何事都说不，对于那些我认为算是过得去的计划，大可在实行过程中指导它们，使它们重新回到我所预期的轨道上来。我想一个领导人有时应该接受他不喜欢的事，因为任何人都不喜欢被否定。我们公司是一个团队，并不仅仅是我一个人的公司，需要大家的群策群力，妥协有时候使公司强大、人际关系融洽。"一番话让这个经理动容不已。

在现代生活中，善于妥协不仅是一种明智，而且是一种美德。能够妥协，意味着对对方利益的尊重。意味着将对方的利益看得和自身利益同样重要。在个人权利日趋平等的现代生活中，人与人之间的尊重是相互的。只有尊重他人，才能获得他人的尊重。因此，善于妥协就会赢得别人更多的尊重，成为生活中的智者和强者。

在中美就中国加入 WTO 双边谈判几乎再次面临破裂的最困难时刻，朱镕基总理亲自出马，利用"妥协"之术，力挽狂澜，一举促成中美最终达成协议。

当时，朱总理把最棘手的七个问题找了出来亲自与美方谈。谈判刚开始，朱总理就把七个问题的第一个问题作了让步。接着把七个问题中的第二个问题拿出来，又作了让步。然后，总理对美方谈判代表说，涉及的七个问题我已经有两个作了让步了，这是我们最大的让步！美国代表对总理亲自出面参与谈判感到愕然，他们经过商量，终于同意与中方达成加入世贸组织谈判协议。最后，大家回头思考整个谈判过程才发觉，相对而言，最后五个问题才是关键，才是中国的核心利益。妥协使中国成为这次谈判的最大赢家。

现实生活中，我们常常强调自己的强势，而忘了有时妥协也是成功最重要的因素之一。妥协并不意味着放弃原则，一味地让步。我们应当区分明智的妥协和不明智妥协。明智的妥协是一种适当的交换。为了达到主要的目标，可以在次要的目标上做适当的让步。这种妥协并不是完全放弃原则，而是以退为进，通过适当的交换来确保自身要求的实现。相反，不明智的妥协，就是缺乏适当的权衡，或是坚持了次要目标而放弃了主要目标，或是妥协的代价过高遭受不必要的损失。因此，明智的妥协是一种让步的艺术，而掌握这种高超的艺术，是现代人成功生活的必备素质。

4 控场的心理

引导对方跳入你的思维矩阵

一个人的心理决定了其行为模式，因此，能否掌控他人的内心世界，决定了能否掌控他人的言行举止；能否掌控他人的言行举止，决定了能否掌控人际交往的主动权。

以退为进，更能达到预期的目的

俗话说：狭路相逢勇者胜。我们在谈到控场能力时，更多地强调要把握主动，控制局面。但是，有时候，一味地硬冲硬打未必是一种最好的方法，以退为进也是一种控场的策略。

以退为进策略是指以退让的姿态作为进取的阶梯，退是一种表面现象，由于在形式上采取了退让，使对方能从己方的退让中得到心理满足，不仅思想上会放松戒备，而且作为回报，对方也会满足己方的某些要求，而这些要求正是己方的真实目的。人际交往中的以退为进策略表现为先让一步，顺从对方，然后争取主动、反守为攻。

一天下午，一位外国人突然气势汹汹地闯进日本某饭店的经理室："你就是经理吗？刚才我在大门口滑倒摔伤了腰。你们的地板这么滑，连个防滑措施都没有，太危险了，马上领我到医务室去。"

见此情景，经理很客气地说："这实在抱歉得很，腰部不要紧吧？马上就领您到医务室，请您稍坐一下。"

外国人坐在椅子上，继续抱怨不停。饭店经理见对方已经镇定下来，便温和地说："请您换上这双鞋，我已和医务室联系好了，现在我就领您去。"

早在外国人闯进来时，经理已经看清他的腰部没有多大问题。所以当外国人离开经理室时，经理就把换下的鞋悄悄交给秘书说："这双鞋后跟已经磨薄了，在我们从医务室回来以前把它送到楼下修鞋处换上橡胶后跟。"检查结果，果如所料，未发现任何异常，他本人也完全冷静下来，随后一同回到经理室。经理说："没有什么异常，比什么都好，这就放心了。请喝杯咖啡吧！"

外国人也感到自己方才太冒失了："地板太滑，太危险，我只是想让你们注意一下，别无他意。"

经理说:"很冒昧,我们擅自修理了您的鞋,据鞋匠说,是后跟磨薄以致打滑。"

外国人接过刚刚修好的鞋,看到修补合适的橡胶鞋跟时,对鞋匠高超的技巧大为惊讶,便高兴地说道:"经理,实在谢谢你的厚意,对您给予的关怀照顾我是不会忘记的。"于是,愉快地握手后,外国人再次向经理道谢,方才走出经理室,经理送他出门说:"请您将这个滑倒的事忘掉吧,欢迎您再来。"外国人频频道谢,消失在人群中。从此,只要这个外国人到日本,必定住进这个饭店并到经理室致意。

这位经理用以柔克刚,以退为进的说话方式化解了一场小小的风波,不但打消了顾客的一肚子怨言,还赢得了一个长期的顾客,这就是善于说话的好处所在。

以退为进是聪明人常用的一种控场方法。它是貌似软弱退缩,实则积蓄实力,加速进展。以退为进要随机应变,反应迅速,以便挽回劣势,反败为胜。

有一位留美的计算机博士,毕业后回国找工作,结果找了很久,都没有找到一份满意的工作。他想去的公司没有招聘意向,肯对他伸出橄榄枝的公司他又觉得没有发展。后来他发现他心仪很久的一家企业在招聘程序员,便灵机一动,拿着自己的本科学位去那家公司应聘。以他的能力,很轻松地便被录用了。这种工作对他说简直是"高射炮打蚊子",但他干得一丝不苟。过了没多久,老板发现他能看出程序中的错误,能力绝非一般的程序输入员可比,便把他叫去谈话。这时他拿出了自己的硕士文凭,老板觉得对他大材小用了。便给他换了个更加对口的职位。又过了一段时间,老板发现他的能力还是不止如此,时常能提出许多独到的有价值的建议,远比一般的研究生要高明,又把他叫了过去。这时他才真正的表明了身份。至此老板对他的水平有了全面认识,便毫不犹豫地重用了他。

故事中的这位博士先生显然是个非常聪明的人。有些事情如果直接去办可能会遇到很多困难，先后退两步，也许你便能发现其他的出路。以退为进，由低到高，这既是自我表现的一种艺术，也是生存竞争的一种策略。有时候，不刻意地追求反而有所得，追求得太迫切、太执着反而只能徒增烦恼。在人际交往中，退，不是一种畏缩，不是一种妥协。恰恰相反，它是一种练达的生活态度，也是进的必然选择。

密特朗是法国议会的议员。在1959年10月15日的晚上，他在巴黎天文台公园突然遭到他人的开枪袭击。这件事就是轰动一时的天文台公园事件。当时的新闻界和左翼组织几乎都迅速行动起来，向密特朗表示慰问，并且极力表示自己反对"法西斯主义"的暴行。可是当事情过后不久，凶手突然现身，并亲口表示天文台公园事件是密特朗本人策划的。一瞬间，密特朗从一个无辜的受害者变成了骗子和肇事者。

霎时间乌云压顶，谩骂声、讥笑声、责问声等各种评论像暴雨般向密特朗袭来。在任总理米歇尔·德勃雷在得知这件事情后，立刻建议取消密特朗的议员资格。当时密特朗很清楚，如果自己此刻进行申辩、反击都不会有什么效果，索性既不申辩，也不反击。他个人认为，对于这种栽赃陷害的事情最好的处理办法就是置之不理。

此刻密特朗只好把自己的愤怒深深埋进自己的心底，决定暂时隐退。平日，在外人看来，他只顾埋头读书，专心写作。每天清晨，他都会去树林散步，呼吸新鲜空气，欣赏田野的美景。大自然的美丽景色使他很快忘掉了心头的烦恼。1960年，密特朗曾到国外做了一次旅行，他先后到过中国、美国和伊朗等国家。密特朗在中国游览了不少城市，累积了许多见闻。回国后不久，他便发表了《中国面临挑战》一文，专门介绍新中国成立后所发生的重大变化，此书一出版，立刻就赢得了读者的好评，密特朗的名字又重新在法国社会上传扬。

1962年11月2日，法国举行立法选举，在此次的选举中，密特朗东山再起，一举击败竞争对手，再次成为国民议会议员。

这则实例中，密特朗的竞争对手为了使他丢掉职位，就设置圈套去陷害他，使密特朗有口难辩。面对这种情形，密特朗并没有采取硬碰硬的斗争方式，而是采取了以退为进的策略，以转移人们对此事的注意力，使它随着时间的推移而在人们心中淡忘，同时也没有忘记给自己创造条件，之后伺机复出，密特朗正是采取以退为进的策略，从而成功战胜了对手，赢得了胜利。表面为退，实则以退待进，通过退可以积蓄更大的进的力量，目的是为了更好地进。就像拉弓射箭，先把弓弦向后拉，目的是为了把箭射得更远。

很多时候，面对打击或难题，不要以硬碰硬，巧妙地利用"以退为进"寻找机会东山再起，退一步是为了进两步。这也是展现你控场能力的最佳体现。

二战期间，有几名日本战俘和几名德国战俘一起被关在西伯利亚的某个地方。日本军官集中营的日本军官，每天都可配给15克的砂糖，但后来不知出于什么原因，这种供应竟停止了四五天，因此，日本的军官们都非常生气！

"这不是对我们的漠视吗？我们就这么不值钱？喂！朋友们！我们一定要严重抗议。"

于是，这群义愤填膺的日本军官一见到苏联财务官来了，他们就大声责问：

"喂！你们为什么不再配给我们砂糖呢？"这话说得理直气壮，而且带有点咄咄逼人的味道。

"很简单，因为仓库里已没砂糖可分配给你们了。"财务官爱理不理地说。

"哼！你们这叫什么话？按照国际俘虏法的规定，我们有每天得到一定砂糖的权利，你们这么做是违法的，你们这是虐待俘虏！"

"哦！国际俘虏法？我也知道这一点，但砂糖不是国际俘虏法买来的啊，上级没配下来，我们怎么配给你们？"说完，他注意到房间里挂着一幅画，"这是什么呢？"

"这是我们神圣日本的象征！"

"象征？"财务官摇摇头，"你们日本很神圣？"

这似乎把这群日本军官激怒了，他们大声叫着："天地、正气……"

财务官扬长而去，他来到了德国军官的集中营，一抬头就见到了房间的正面悬挂着斯大林的画像。他微笑着说道："嗯！好！好！"

这时，一些德国战俘毕恭毕敬地泡了杯茶请他喝，并"画龙点睛"地说了句："不成敬意，如果这茶里放入些砂糖就好了。"

财务官喝了几口茶便走了。

第二天，德国战俘营里便配给了砂糖，而日本战俘却没配到。

中国人有很多古话，比如"大丈夫能屈能伸"、"站人屋檐下，不得不低头"等，说的就是德国俘虏的这种做法。日本人一味要强，用这种不聪明的方式，使对方感到恼怒，他们当然得不到好处。而德国俘虏却懂得变通，他们看似软弱，但他们的软弱与讨好只是表象，根本不能代表他们的内心，看似退，实则为进；看似柔弱，实则刚强。所以，他们达到了目的。

在唇枪舌剑的交锋之中，一味地强攻疾进是不可能的，就像打出拳头之前要先收回拳头一样，所以有时为了出击有力，还需适当退却。只有始终牢记目标，洞察进退的利害，把握进退的时机和分寸，从退为进，进退自如，才能控制主动，稳操胜券。

迂回说话，绕着弯子说服对方

在语言表达中，有的时候直来直去地说话并不能取得很好的效果，而是需要采取"迂回"的手段来达到说话的最终目的。迂回之术不带刺，绕了一个弯后，让人不仅听明白了是怎么回事，最重要的是，人们能愉快地接受。这就要求我们在步入正题前，需要先来点"铺垫",作些"迂回",然后再一步一步导入中心,这样才会收到良好的效果。

有一年,秦始皇打算把打猎游乐的园林东延至函谷关,西扩至雍、陈仓一带。这样一来,几千亩农田将成为牧场。

很多大臣听到这个消息后,都上书劝谏,说这劳民伤财,是万万不可为的事情。惹得秦始皇非常不爽,心想:天下都是老子的,老子想建个游乐场,你们这些老东西就唧唧歪歪。谁敢劝谏,拉出去砍了。

优旃听说后,就趁秦始皇兴致勃勃时探听虚实:"听说皇上要扩大园林?"

"噢,有这么回事。"秦始皇得意地说。

"好得很!"优旃说:"园林扩大了,可以多养禽兽,要是有敌人从东方来进攻,咱们可以用大大小小的鹿去撞死他们!"

秦始皇笑了,仔细想想,为了国家的安危,还是不玩了吧。于是,扩建园林的事情就被伟大的始皇枪毙了。

这就是委婉规劝的功效。迂回地表达反对性意见,可避免直接的冲撞,减少摩擦,使对方愿意考虑你的观点,而不被情绪所左右。所以,如果你想说服他人,不仅要真诚相待,还要善于动脑,讲究一点谈话的艺术,尤其是当对方固执己见,谁去劝说他都不理不睬,泼水不进的时候,巧妙的办法就是避其锋芒,以迂为直。

春秋时期,吴王准备攻打楚国,他知道这个计划会遭到很多大臣们的反对,于是对左右的人说:"谁要是对我攻打楚国发表反对意见,我就让他去死。"因此很多大臣都不敢来指出这个计划的错误。攻打楚国会给吴国带来很大危害,吴王的宫廷近侍少孺子为了劝谏吴王,想了一个办法。

一天,吴王早起时发现少孺子浑身湿漉漉的,就问他是怎么回事。少孺子说:"我带了弹弓,在后花园闲逛,想打些飞鸟。突然我发现了一件让我不能忘怀的事情:一只蝉在树上凄厉地鸣叫,喝着露水。蝉不知道有一只螳螂正在它的下方悄悄地向上爬,正想把它作为自己的早餐呢！那螳螂伏曲着身子，张着足爪，沿着浓密的枝条，一步一步地接近了蝉。可螳螂哪里知道，这时有一只黄雀正藏在不远的一根树枝上，正要展翅飞来啄那只螳螂！黄雀伸着脖子以为很快就可以将螳螂吃到嘴里，哪里会想到这时我正用弹弓瞄准它，它也完蛋了！这三个小东西，都是只顾前，不顾后，它们的处境真是太危险了！而我呢，则因为看到这么精彩的场面，时间久了，让露水把衣服都沾湿了！"吴王听了少孺子的话，心中猛然警醒，同时也明白了少孺子的一番良苦用心，于是决定放弃攻楚的计划。

少孺子鉴于吴王的威严和其下的命令，不能直接进行批评，于是采用迂回的办法，连用三种动物，比喻其做事只图眼前利益，不知祸害就在后面，从而使吴王醒悟并接受了他的批评。可见，在说服对方的时候，通过迂回的办法去表达自己的反对意见，并力求使对方改变主张，是十分奏效的方法。

我们在规劝他人时，如果直言批评，一味地好心严语，只讲利害关系，不讲说话方法，只会激得他铁定了心，一条道走到底，谁说也没用，甚至还会怨恨你，讨厌你。

如果采用委婉的路线，智慧的语言，巧妙的方式，被规劝者就会自己幡然醒悟，比较容易接受。

战国时，齐景公的一匹心爱的马突然死去，齐景公非常伤心，一定要杀掉马夫以解心头之恨。

众位大臣一起劝阻齐景公不可为一匹马而滥用刑罚，而齐景公却已铁定了心，众人的劝告一概充耳不闻。心想：这帮靠我发工资的臣子，连我的爱马死了都不上心，还顶撞我，真是岂有此理。越想越恼火，这该死的马夫，非杀了他不可。

这时，相国晏婴走了出来，众臣都以为晏婴也有劝诫齐景公的意思，谁也没有料到，晏婴却明确地表态说："这个可恶的马夫，该杀。"

齐景公十分高兴，就把那个心含冤屈的马夫喊来，听晏婴解释他的罪过。

晏婴历数马夫的三大罪状："你不认真饲马，让马突然死去，这是第一条死罪；你让马突然死去，却又惹恼君主使君主不得不处死你，这是第二条死罪。"

听晏婴痛说马夫的前两条死罪，齐景公心中真是乐滋滋的。

可晏婴话锋一转，说出了马夫的第三条罪状："你触怒国君因一匹马杀死你，使天下人知道我们的国君爱马胜于爱人。因此天下人都会看不起我们的国家，这更是死罪中的死罪，罪不可赦。"

此刻，齐景公笑呵呵张开的嘴却定在那里。这才如梦初醒，心里明白，为了爱马而杀人既寒了全国人民的心，失去人民的爱戴，又会被天下人瞧不起，说自己是个昏君，说不定会引起虎狼之国的进攻。

于是赶紧下令，免除了马夫的死罪。

诚然，直来直去的讲话固然会给人留下真诚的爽朗的印象，但是如果不分情景、不分场合，一味地"直言以告"，这些不适当的"直言"就会形成一种消极的暗示，产生负面效果：不是使人感到抵触、厌倦，就是加重别人的心理负担。结果你非但没有说动人，反而会损害和谐的人际关系，给自己造成不必要的麻烦。因此，必要的时候，我们要学会使用迂回的说话策略。迂回着说话可以把一些不利的因素避开，把"词锋"隐遁，或把"棱角"磨圆，这样更便于听者接受。在使用迂回的说话策略时，可以故意说些与本意相关或相似的事物，来烘托本来要直说的意思，这就是我们通常所说的"曲径通幽"。有时候为了说动别人，达到自己的目的，就必须要把直话迂回着说。

总之，迂回说服不会得罪人，是说服他人的最好方式之一。所以，在说服过程中，要认真体会语言的敏感程度，最好能把话说得委婉动听，这样，既达到了目的，又不至于使双方都难堪。

制造心理共鸣，让他自觉地认同你

制造心理共鸣是最好的控场技巧。有时候，你把话说得再正确，哪怕说的是绝对的真理，但如果引不起共鸣，得不到认可，也等于空话。所以，如果你想使对方对你的讲话表示赞同，你首先要使对方对你相信，相信你是他最好的忠诚的朋友，这是把你的意见转达给他的一条正路。只要有一天能够做到这一点，就很容易在发言中引起对方的共鸣。

某单位新来一名大学生，总是独来独往，终日不见一丝笑容，不主动跟人说话，显得架子挺大。同事们都有意疏远他。而那位大学毕业生却依然如故，我行我素。这一切都被科长看在眼里。作为一名富有经验的领导，这位科长凭直觉认为这位新同事心里肯定有难言之隐。基于此种判断，科长便处处留意观察，并利用一切机会接近他。每天上班时，科长总是热情招呼他，每次下班，科长也不忘问他一句："怎么样，晚上有什么活动？"

日子一天天过去，这位科长锲而不舍的行动终于融化了那位新同事，他向科长吐露了自己的苦衷：他刚失恋，痛苦得不能自拔。听完他的倾诉，老科长语重心长地开导他说："生活并没有对你不公，关键是你没有战胜自己的不良心态，失恋对你来说固然是个打击，但一切都可以从头开始呀。难道一辈子躺在这个阴影下面不出来吗？你可以不善待你自己，但你应该善待别人，尤其是你的同事，为什么要把你的不快带给别人呢？"经过科长一番耐心而热情开导，那位大学毕业生终于茅塞顿开，从此解开了缠绕在心头的疙瘩，以崭新的精神面貌投入到工作中，和同事友好相处。

沟通心灵的最好方式就是说话，把话说到对方的心里，调动对方的感情让对方产生共鸣，这就达到了心灵沟通的效果。众所周知，人非草木，孰能无情。感人心者莫先于情。心理学认为人的全部心理活动都离不开情感的伴随，情感犹如强大的驱动力，是人类从事认识和改造客观世界的内部力量。在人际交往中，我们应该高度重视情感的作用，有意识地抓住一些"动情点"，用情感去感染对方，打动对方的心灵，给对方以激情和力量，有效地唤起对方的情感共鸣，把对方带入一个既饱含情感又充满理性的崇高精神境界之中，使之受到潜移默化的教育和鼓舞，取得控场的最佳效果。

真诚，是通往人们心灵的桥梁。要想使你说话和表达产生共鸣，需要来自你内心深处的声音，先要感动自己然后感动别人，不为说话而说话，应以倾诉内在心灵，以心灵的沟通为主要，即可动人以情，并产生强烈的共鸣。不要去追求华丽的辞藻和假装的深沉。朴实无华的语言会显得格外的亲切，也就具备强大的感染力。

林肯在伊里诺伊州南部地方发表演讲，当时该处人民野蛮异常，在公共场所也要携带利刃和手枪。他们对于反对奴隶制度的人们非常愤恨。因此对林肯的演讲，他们和那些从肯塔基和密苏里两地渡河而来的畜养黑奴的奴隶主们一同预备来捣乱一下。他们立下誓言，说林肯如在当地演讲，他们立刻把这个主张解放黑奴的人驱逐出场，并把他置于死地。

这一个恫吓林肯早已听到了，同时他也知道这种紧张的情势对他是十分危险的，但是他却说："只要他们肯给我一个略说几句的机会，我们就可以热烈地握手。"他那篇精彩的演讲广为流传：

"伊里诺伊州的同乡们，肯塔基州的同乡们，密苏里的同乡们，听说在场的人群中有些人要和我为难，我实在不明白为什么要这样做？因为我也是一个和你们一样爽直的平民，那我为什么不能和你们一样有发表意见的权利呢？好朋友们，我并不是来干涉你们的人，我也是你们中间的一员。我生于肯塔基州，长于伊里诺伊州，正和你们一样是从艰苦的环境中挣扎出来的。我认识南伊里诺伊州的人和肯塔基州的人，也想认识密苏里的人；因为我是他们中的一员，而他们也应该认识我比较更清楚一些。他们如果真的认识了我，他们就会知道我并不是做一些对他们不利的事情。同时他们也绝不再想对我做不利的事了。同乡们，请不要做这样的愚蠢的事，让我们大家以朋友的态度来交往。我立志做一个世界上最谦和的人。绝不会去损害任何人，也绝不会干涉任何人。我现在诚恳对你们要求的只是求你们允许我说几句话，并请你们静心细听。你们是勇敢而豪爽的，这一点要求我想一定不致遭到拒绝。现在让我们诚恳讨论这个严重的问题……"

林肯当时说话的时候，面部的表情十分和善，声音也同情而恳切，所以这婉转而妥善的演说的开头，竟把将起的狂涛止息了，把敌对的仇恨平息了。大部分的人都变做了他的朋友，大部分的人都对他的演讲大声喝彩。后来他当选总统，据说由于那些粗鲁群众的热烈赞助，得力不少。

为什么会出现这样的结果，原因是林肯在演讲时和听众制造了一种心理上的共鸣——我也是你们其中一员。借此消除了大家的敌意，甚至还得到了大家的拥护。

其实，人与人之间，很难一开始就产生共鸣，所以必须先诱发对方与你交谈的兴趣，再经过一番深刻的对谈，才能让彼此更加了解。当你尝试说服他人，或对他人有所请求时，也同样适用。你不妨先避开对方的忌讳，从对方感兴趣的话题谈起，并且不要太早暴露自己的意图，等对方一步步赞同你的想法后，他们便不自觉地认同了你的观点。

赞美是激励他人和成就自我的最好方式

每个人都渴望被赞美，这是人的天性。在我们的现实生活中，赞美的价值是时时体现的：情人间的赞美，让爱情更甜蜜；亲人间的赞美，让家庭更和睦；同事间的赞美，让关系更融洽；朋友间的赞美，让友谊更深厚……总之，赞美是送给别人最好的礼物。

两名保龄球教练分别训练各自的队员。他们的队员都是一球打倒了 8 只瓶。

教练甲对自己的队员说:"很好!打倒了 8 只。"他的队员听了教练的赞扬很受鼓舞,心里想,下次一定再加把劲,把剩下的 2 只也打倒。

教练乙则对他的队员说:"怎么搞的!还有 2 只没打倒。"队员听了教练的指责,心里很不服气,暗想,你咋就看不见我已经打倒的那 8 只。

结果,教练甲训练的队员成绩不断上升,教练乙训练的队员打得一次不如一次。

这就是著名的保龄球效应。赞美和鼓励可以使人备受鼓舞,充分发挥本能的潜力,越来越好;指责和批评则会使人气馁,产生挫折感和抵触情绪,越来越差。

马克·吐温说过,听到一句得体的称赞,能使他陶醉两个月。在生活中,几乎每个人都希望获得赞美。当一个人受到别人真诚的赞美时,就会产生积极的心理效应,如性格会变得活泼、热情、积极、乐观,愿意与人接近等。而我们则可以利用人们的这种心理,在谈话中多赞美对方,这样就能够收到比较好的控场效果。

小佳在一家外企公司上班。一天,公司培训部聘请了一位社交方面的兼职讲师。她旁听了那位讲师的课程,学习了许多社交方面的知识。当课程即将结束的时候,小佳对其他同事说道:"没想到他竟然是一个'大腕',课讲得这么精彩,令我深感佩服。有些人天生就适合做讲师……"课程结束后,讲师离开前向小佳问道:"你觉得这个课程讲得如何?如果能够提出一些宝贵的建议或意见,我将感激不尽,这样也有利于我个人的提高与发展……"这时,小佳不慌不忙地表达着刚才表达的意思:"你简直是一个'大腕',没想到你的课程讲得如此精彩,使我获得了许多社交方面的知识!"听到她的话语,讲师的脸上洋溢着幸福的笑容。就这样,他们成了无话不谈的好朋友。

赞美之所以对人的行为能产生深刻影响,是因为它满足了人的自尊心的需要。赞美是对个人自我行为的反馈，它能给人带来满意和愉快的情绪，给人以鼓励和信心，让人保持这种行为，继续努力。赞美也是一种有效的激励，可以激发和保持一个人行动的主动性和积极性。

莎士比亚曾经这样说过："赞美是照在人心灵上的阳光。没有阳光，我们就不能生长。"赞美作为一种与他人社交的技巧，其可谓是具有神奇的魔力，它不但可以消除人际间的龃龉和怨恨，满足人的虚荣心，还可以轻易说服对方接受你的观点，有时甚至足以改变一个人的一生。

比恩·崔西是美国的一位图书推销高手，他曾经说："我能让任何人买我的图书。"他推销图书的秘诀只有一条：善于赞美顾客。一次，他去推销自己的书，遇到了一位非常有气质的女士。这个时候，比恩·崔西刚刚开始运用赞美这个法宝。当这位女士听到销售员的赞美时脸一下子就阴了下来："我知道你们这些销售员很会奉承人，专挑好听的说，不过，我不会听你说的鬼话的。你还是节省点时间吧。"但是比恩·崔西却微笑着对她说："是的，您说得很对，销售员是专挑那些好听的话来讲，甚至会说得别人昏头昏脑的，像您这样的顾客我还是很少遇到，特别有自己的主见，从来不会受到别人的影响。"这时，细心的崔西发现，这位女士的脸已由阴转晴了。并且她问了崔西很多的问题，崔西一一真诚地做了回答。最后，崔西开始高声赞美道："您的形象反映了您高贵的个性，您的语言反映了您敏锐的头脑，而您的冷静衬托出了您的气质。"女士听崔西的一番言论后，高兴地笑了起来，很爽快地买了一套书籍。后来，她又在崔西那里购买了上百套书籍。随着推销图书经验的日渐丰富，比恩·崔西总结了一条人性定律：没有人不爱被他人赞美，只有不会赞美别人的人。

一天，比恩·崔西到某家公司推销图书，办公室里的员工选了很多书，正要准备付钱时，忽然进来一个人，大声道："这些跟垃圾似的书到处都有，要它干什么？"崔西正准备向他露一个笑脸，那人边说边走了过来："你别给我推销，我肯定不会要，我保证不会要。""您说的是对的，您为什么要这些没用的书呢？您一定是一位知识渊博的人，很有文化素养，很有气质，要是您有弟弟或者妹妹，他们一定会以您为荣，一定会很尊重您的。"崔西微笑着，不紧不慢地说。"你怎么知道我有弟弟妹妹的？"那位先生有点兴趣地问道。崔西回答："第一眼看到您，您就是有大哥的风范，我就想，如果谁能有你这样的哥哥，一定是上帝非常眷顾的人。"结果，那个人就以大哥教导自己弟弟的语气对他说话，两个人聊了很长时间。最后，那位先生以支持崔西这位兄弟工作为由，为他自己的亲弟弟选购了五套书。崔西在当天的日记中写道："其实，我心里很明白，只要能够跟我的顾客聊上三分钟，他不买我的图书，那是不可能的。因为，无论做人还是做事，要改变一个人，最有效的方式就是：传递信心，转移情绪。"同时，他也写下了一条人性定律："人是感性左右理性的动物。若一个人的感性被真正调动了，那么，他想拒绝你比接受你还要难。而要想迅速控制一个人的感性思维，最有效和最快捷的方法就是恰如其分的赞美。"

赞美之于人心，如阳光之于万物。在我们的生活中，人人需要赞美，人人喜欢赞美。这次不是虚荣心的表现，而是渴求上进，寻求理解、支持与鼓励的表现。爱听赞美，出于人的自尊需要，是一种正常的心理需要。经常听到真诚的赞美，明白自身的价值获得了社会的肯定，有助于增强自尊心、自信心。

有的人吝惜赞美，很难赏赐别人一句赞美的话，他们不懂得，多正面引导，多表扬鼓励，是沟通的一种方式。予人以真诚的赞美，体现了对人的尊重、期望与信任，并有助于增进彼此间的了解和友谊，是协调人际关系的好方法。人人皆有可赞美之处，只不过长处、优点有大有小、有多有少、有隐有显罢了。只要你细心，就随时能发现别人身上可赞美的"闪光点"。

一句赞美的话能给人带来愉悦的心情，这是一件很值得高兴的事。赞美不等于拍马屁，赞美是一门艺术，要想满足人们对于赞美的渴望，我们需要把握下面几个小要点：

1. 赞美具体化

人都有自动把局部夸大为整体的趋势，因此，我们赞美的时候只要从某个局部、某件具体的事情入手就可以了，而且局部、具体的赞美会显得更真诚、更可信。比如某人工作出色，那么表扬的时候也要指向具体的事情，"小张在××事上表现出色"，而不是泛泛而谈。

韩小姐是一大型企业的总裁秘书，她说："有三个客人都和我说要见我的领导，但前两个没有见着，因为不会说话，只有最后一位用恰当的赞美之辞为自己赢得了商机。第一个客人说：'韩小姐，你的名字挺好的。'我心里特想听听我的名字好在哪儿，结果，那位客人不再说了，巴结我也不真诚，令人失望。第二个客人说：'韩小姐，你的衣服挺漂亮的。'我立刻想听自己的衣服哪里漂亮，结果也没有了下文，话还是没有说到位。第三个客人说：'韩小姐，你挺有个性的。'我想知道自己有什么样的个性。他接着说：'你看，一般人手表戴在左手腕，而你的手表戴在右手腕上……'"我一听，还真觉得自己有点与众不同，挺高兴的，就让他见了我们老总，结果签了一个十万元的单子。

2. 赞美要恰如其分

恰如其分就是避免空泛、含混、夸大，而要具体、确切。赞美不一定非是一件大事不可，即使是别人一个很小的优点或长处，只要能给予恰如其分的赞美，同样能收到好的效果。

一次会议上，何处长在总结工作时提到发表文章比较多的小杨时表扬道："小杨同志肯动脑子，好钻研，近来成果很多，发表了7篇文章，其他年轻同志要向他学习，搞些成果出来。"话音未落，就有一位年轻的部下插话说："水平不能以文章来定，文章的好差不能以发表的多少来定。发表文章多并不一定说水平高，那有可能是文字垃圾多。有的人一辈子就发表一篇或几篇文章，影响却大，难道说水平低吗?"处长被问了个瞠目结舌，不得不解释一番。结果弄得谁都扫兴而归。

这个何处长的尴尬不在于他没有根据，而是有据却无理，他的表扬经不起推敲，有水分，太夸张，所以其他人心里不痛快，把他的赞美给堵了回去。

3. 把握时机及时赞美

赞美要注意把握时机，适时的赞美，能起到激励他人的作用。譬如，当别人计划做一件有意义的事情时，开头的赞扬能够激励他下决心做出成绩，中间的赞扬有益于他再接再厉，结尾的赞扬则可使其做到"百尺竿头，更进一步"，从而达到"赞扬一个，激励一批"的效果。因此，赞美一定要注意时机。

4. 实事求是

实事求是是指赞扬应以事实为依据，这是与"阿谀奉承"的本质区别。"阿谀奉承"是出自主观的愿望，是为了一己之私，有着明显的巴结奉迎的目的，即俗话所说的"拍马屁"。而真诚的赞扬应是在客观事实的基础上，是一种真情的流露，旨在使人快乐，与人进行感情的沟通。

利用权威效应，诱使对方坚信不疑

心理学上有一个权威效应，又称为权威暗示效应，是指一个人要是地位高，有威信，受人敬重，那他所说的话及所做的事就容易引起别人重视，并让他们相信其正确性，即"人微言轻、人贵言重"。

有心理学家曾做过这样一个实验，充分证明了权威效应。心理学教授在给一所大学心理学系的学生上课时，向学生介绍一位从外校请来的俄语教师，说这位俄语教师是从俄罗斯来的著名化学家。在试验中，这位"化学家"煞有介事地拿出了一个装有蒸馏水的瓶子，说这是他新发现的一种化学物质，有些气味，请在座的学生闻到气味时就举手，结果大多数学生都举起了手。对于本来没有气味的蒸馏水，由于这位"权威"的心理学家的语言暗示，使多数学生都认为它有气味。

这正是权威效应的奥妙之所在。有人群的地方总会有权威，人们对权威普遍怀有尊崇之情，人们对权威的深信不疑和无条件遵从，会使权威形成一种强大的影响力，利用这种权威效应则可以在很大程度上影响和改变人们的行为。

某出版社因业务扩张需要招聘一位优秀的编辑。经过千挑万选后，有三个人进入了最后的面试。这三个人的编辑技能不分上下，都是主编需要的人才。但名额只有一个，这让负责招聘的人员非常为难，不知选谁好，于是，招聘人员让这三个人先回去，等候通知，决定录用谁他们就给谁打电话。

在这三个人中，有个名叫刘平的小伙子，他心想，与其坐以待毙，不如主动出击。等其他两个人走后，他恭恭敬敬地递给招聘人员一本书，说："这是我以前的作品，请斧正。"看到刘平如此恭敬，招聘人员不好意思拒绝，于是接过这本书准备随便翻翻。当招聘人员翻开第一页时，他们吃惊地发现，这本书的序言居然是某著名作家写的，便问刘平和那位作家是什么关系。刘平用平淡的语气说是他的伯父。招聘人员听后，立即说："恭喜你成为我们出版社的一员。"

刘平借助这位作家的名气，帮助自己应聘成功。

权威本身就意味着力量，借用权威的力量可以让别人信服你。在人际交往中，我们可以巧妙地利用权威效应来影响他人，制造一些权威的表象。给自己冠上一些权威的头衔，或者象征某种权威的身份标志，都能让人刮目相看，给他人以心的震撼，让人敬仰、信服，接受你，赞同你，改变自己的态度和行为来屈从于你的暗示和建议，从而达到引导或改变对方的态度和行为的目的。

王峥是某机电工厂的销售人员。一次，在与一个客户进行商谈的时候，他发现对方是一个心思极为缜密的人，因此在向客户介绍商品的时候讲解得特别详细，在回答客户的咨询时也回答得比较有条理，同时还把客户的意见用小本子记录下来。

王峥又给客户提供了一份商品的市场调查报告，便于他进一步了解自己商品的真实销售情况。对于这一点，王峥很是自信，因为本公司的商品销量确实很好，在市场上也有一定的名气，对客户也很有说服力。

但在交谈过程中，王峥发现客户对自己的商品质量还是有很大的疑虑。一连几次的回应都是：我们考虑一下，还要向领导请示一下等。

这下可把王峥难住了，到底是哪里出了问题呢？无奈之下只好向经理作了汇报，并寻求帮助。

具有丰富实战经验的经理只回答了一句话：两天后，会有一份资料传真给你，你拿给客户。

王峥收到文件后，按照经理的指示直接送到客户的桌上，客户高层研究后态度大变，爽快签约。

原来，那份资料是王峥公司与客户所在行业中某家龙头企业的合作报告，并附带了该行业内权威专家的评价。客户看到这些极具权威效应的资料，才终于消除了疑虑，很放心地作出了购买的决定。毕竟有那么多权威的推荐和认可，自己也没有什么不放心的了。

上述例子中，王峥所在的公司就是巧妙利用权威效应的影响，来赢得客户的认可的。看来，在劝说他人支持自己的行动与观点时，恰当地利用权威效应，不仅可以节省很多精力，还会收到非常好的效果。

权威效应是一种可以诱导他人心理的心理暗示，也是一种最常见的控场技巧。在人际交往中，适当利用"权威效应"，可以使人们更加支持和相信自己的行动和看法，达到引导或改变对方的态度和行为的目的。

巧妙激将，让对方按着你的意图办事

俗话说："劝将不如激将"。"激将法"是日常生活中大家所熟知的一种计谋形式，指的是用带有刺激性的语言或行为，来激发对方的某种情感，让对方的情绪受到震撼，并在冲动情绪的驱使下，顺着我们指引的方向行事。这是一种交际中的逆向思维，能在"顺毛摸法"失效的情况下发挥特殊的作用。

人是一种感性的动物。在人际交往中，如果想办法能够调动对方的感情力量来激发人的积极性，调动其热情和干劲儿往往能收到奇效。而"激将法"主要是通过使用各种隐藏的方法和手段，让对方进入一种非常态，导致情绪激动（比如：兴奋、愤怒、羞耻、不平）以致失控，然后无意识中受到操纵，去干他本不愿意干、而你又想让他干的事。生活中，我们常常会遇到一些认死理、爱钻牛角尖的人，任凭你说破大天，他也无动于衷。此时，如果你巧用"激将法"，往往能收到良好的控场效果。

三国时期，诸葛亮就是用激将法来说服周瑜和他们联合起来一起抗击曹操的。当时曹操正率领大军南下，刘备根本无法与曹军抗衡，于是派出诸葛亮去东吴游说，希望得到东吴的帮助。

周瑜掌管着东吴兵马大权，诸葛亮深知要想得到东吴的帮助，首先要说服周瑜。但是周瑜和东吴方面都不想跟曹操发生战争，所以，诸葛亮打算用计谋说服周瑜。

在鲁肃的陪同下，诸葛亮见到了周瑜。周瑜听鲁肃汇报完当前的军事情况后，说道："在这种情况下，我认为应该投降曹操。"周瑜如此回答，也是为了试探诸葛亮的反应，想摸清诸葛亮来东吴的真实意图。

诸葛亮十分清楚周瑜的目的，他笑了笑说："东吴其实大可不必担心，你们只要把大乔、小乔两位美女献给曹操，曹操的百万军队自然就会无条件撤退。"接着，诸葛亮又高声朗诵起曹植写的《铜雀台赋》："从明后以嬉游兮，登层台以娱情。见太府之广开兮，观圣德之所营。建高门之嵯峨兮？"朗诵完《铜雀台赋》之后，诸葛亮解释道："这首赋是曹操在漳河修建铜雀台时，他的儿子曹植为了赞美父亲而作。这首赋的意思是说：在漳河如此风景秀丽的地方，修建了这座金殿玉楼，可谓是美之至极，一定要将东吴的大乔、小乔两位美女藏于此地。我想，对吴国来说，牺牲大乔、小乔来换取国家平安，就像是将两片叶子从大树上摘下来一样。所以，你们不妨将大乔和小乔送到曹营，这样，根本不用将军操心就能将问题解决了。"

周瑜听到诸葛亮的话后，勃然大怒，他将酒杯狠狠地掷在地上，大声骂道："曹操这老贼，实在是欺人太甚！"随后，诸葛亮趁机向周瑜分析了天下的形势，更加坚定了周瑜抗曹的决心。第二天，周瑜便向孙权请战说："主公只要授予臣精兵数万来攻打夏口，臣必定能大破曹军。"由此，诸葛亮成功地联合了吴国。

人的行为，不仅受理智的支配，也受感情的驱使，激将法就是利用某些语言使别人放弃理智，凭一时感情冲动行事。所以，激将法最适合在那些经验较少，容易感情用事的对象身上使用。

一位先生陪自己的太太逛超市时，跟着他的太太到了服装专卖的柜台。

销售人员看到一男一女前来看服装，便笑盈盈地前来招呼他们：

"这位大姐，您要一点什么？"

"随便看看。"太太一边挑选衣服，一边回答说。

"这是我们刚到的货……这一款是今年非常流行的……"销售人员在介绍产品时，发现那位太太好像没有什么兴趣，便转过来对那位先生说："这位先生，您需要一点什么？"

先生很直接地回答："陪老婆一起逛街的。"

"真美慕你们两人。您太太长得漂亮，有气质，再加上您给她做参谋买衣服，她一定能够买到合适的衣服，穿上那套衣服一定很诱人的……"销售人员一边与先生攀谈，一边不时扫一眼挑衣服的那位太太。

突然，那位太太在一件衣服面前停顿了一会儿。销售人员马上停止了攀谈，上前取下衣服，说："您真有眼光，这一款比较适合您这样有气质的、身材好的女士穿。这样吧，先穿着试一试。"

那位太太没有反对。销售人员便让人引导太太去试衣服去了。经过试穿衣服，那位太太发现衣服实在是太适合她了，便产生了购买的意向。

但是，那位太太询问了价格后，觉得太贵，对买还是不买犹豫不决。

此时销售人员就转过身来对先生说："您太太喜欢那套衣服，是吧？可是，您太太面对自己喜欢的东西却犹豫不决，您作为丈夫应该帮她拿主意，是吧？"

那位先生说："买不买还是她做决定吧！"

此时，销售人员就对那位先生说："原来先生是'妻管严'啊，一切行动听指挥，不错，不错。不过，我好像听说男子汉不是唯唯诺诺的，看到自己心爱的女人喜欢什么，就毫不犹豫地去争取满足她……"

那位先生听到销售人员这么一说，心里觉得很不是滋味："不就是几十块钱的价格差异吗？在这里磨磨蹭蹭的。要买就赶快买走，不买就不买，免得被人看不起……"

于是，那位先生就问太太觉得衣服怎么样。他太太没有回答他。于是，那位先生就说："买了，不在乎那几十块钱的差价。"

销售人员很快让客户签下了单子，到收银台去交钱。

很显然，该销售人员抓准了男人在公众场合爱面子的心理，在他太太购买衣服犹豫不决时，采用"激将法"激将那位先生，从而促使那笔生意在没有降价的情况下顺利成交，为自己争取到了可观的一单。

人们往往都有逆反心理，你越不让他干什么，他偏干什么，尤其是在气氛激烈的情况下，对于那些好胜心强并且脾气暴躁的人，用"激将法"来达到用他的目的是最好的办法。

孟子说："一怒而天下定。"将激将法用到沟通中，如果运用得巧妙，往往可以让人改变原来的立场，化解分歧，达到目的。

小王是一个很有能力的年轻人，但平时工作却不怎么认真。老板就对他说："小王，这项工作只能交给你了，我知道你平时工作上不是很出色，但是没办法，公司现在实在没人手，我希望你能尽心尽力地完成它。"听完这话后，小王很不舒服，甚至有不服气的感觉，心里想：凭什么说我工作不出色？我要让你看看这样！就这样他把怒气转化为工作的力量，全心全意地去工作。

某公司改革用人制度，决定对中层干部张榜招贤。榜贴出后，大家都看好能力技术俱佳的技术员小陶。然而，由于某种原因，小陶正在犹豫。公司总经理找到他，直言相激："小陶，你不是大学的高才生吗？我以为你挺有出息的，没有想到你连个部门经理的位子都不敢接，我以前高看你了！你就是个庸才！"

"我是庸才？"话音未落小陶就跳了起来，说："我非干出个样儿来不可。"他当场揭榜出任了部门经理。

这是使用"激将法"的两个典型的例子，抓住被激励者的心理，狠狠地泼他一盆冷水，打击一下他的情绪，这样他会在愤怒之下迸发出更多的力量。

"劝将不如激将"，意在说明在某些特定的环境和条件下，若需激起某人的斗志，与其苦口婆心地正面劝说，不如故意给其刺激和贬低，从而激发其自尊心、自信心，获得重新振作的可能。需要注意的是，激将法并不是简单的讽刺或者挖苦对方，而是要"别有用心"地使用刺激性语言来激发对方的斗志和勇气，从而达到激将的目的。

不断重复，掌控对方的潜意识

人们常常提及这样一句话："谎言重复一千遍就会变成真理。"真的是这样吗？本来是"谎言"却因为重复而成了真理？"重复"真的有这样的作用吗？经常听一种谎言，难道不会麻木，对谎言不加理会吗？但事实告诉我们，这句话还真有一点道理。那么，谎言怎样成为真理了呢？"曾参杀人"的传说故事，或许可以说明这个问题。

曾参是古代一位君子，学问好，人品也好，以孝顺闻名天下。

有一天，曾参出门办事，他的母亲正在家织布，忽然有个人跑来对她说："曾参杀人了！"曾参的母亲很相信儿子，于是摇着头笑道："不可能的，曾参不会杀人的。"

过了一会儿又有一个人跑来对曾母说："不好了，曾参杀人了。"

曾母心里一惊，不过嘴上还是说："不可能的，曾参是不会杀人的。"

话虽如此，可连续两个人这样说，让她已经开始有些怀疑了。虽然她还是宁愿相信曾参不会杀人，但是她已经没有心思织布，开始等待曾参回家。

不一会儿又有人进来了，这次是曾参家的邻居。她很着急地对曾母说："曾参真的杀人了！已经被官府抓起来了，据说现在正在审理，你快点想办法看该怎么办吧。"

曾母这才真的相信曾参杀人了，由于怕受连累，正准备爬墙逃走。这时候曾参却突然回来，把曾母都吓了一跳，她非常惊讶地问："孩子，你不是因为杀人被抓起来了吗？怎么现在又回来了呢？难道你杀的是坏人所以不用偿命吗？"

曾参听了，哈哈大笑说："我怎么会杀人呢？只是那个凶手刚好和我同名同姓罢了。"

正所谓"三人成虎",曾参是有名的君子,哪会干杀人的勾当。然而,谣言连续被人重复三次,其母便也不再相信她的儿子了。由此可见,谎言经常在耳边鼓噪,就会使人的大脑产生疲乏从而失去辨别真伪的能力。这就是"谎言重复一千遍就会变成真理"这句名言的精髓。谎言重复一千遍并不会变成真理,只会让你的大脑思维经过这一千遍的暗示而认为谎言就是真理。心理学研究发现,如果群体里的一个人重复他的观点三次,那么就会有90%的机会获得他人的支持。

人们在认识事物的时候,首先要有正确的感觉和直觉。有了这些,才能产生印象,才能进入想象和思维,也才能接受你的观点和建议。这就要求我们在说服过程中,要尽可能地反复强调自己的看法,增加论证,给被说服者留下深刻的印象。

阿里巴巴的B2B商业模式,是中国互联网的一个另类,也是全球互联网的一个另类。在马云创立阿里巴巴之前,中国的互联网模式都可以在美国找到成功的原型,所以风险投资敢于投资这些公司。但阿里巴巴不同,它是完全创新的,在它之前,没有成功的原型。所以,国内外那些掌握着巨额资金的投资方,一开始并不敢投资阿里巴巴。

马云的解决办法就是充分利用他的好口才。他说:"听到了,断言,重复,传染,断言我是第一,传十遍,然后不断地重复说一百遍,然后你就是第一了,很多事都是这么起来的。"阿里巴巴在创业之初,其B2B商业模式之所以能迅速被大家接受,正是得益于他一个人不遗余力地不断重复、推广、宣传。

为了能让投资方认可阿里巴巴的商业模式,马云把自己当成了一台促销机器,开始了疯狂的"演讲传道"之路。从1999年到2000年,他不间断地在空中飞来飞去,参加全球各地的经济论坛,尤其是经济发达的国家。每到一个地方,他就发表激情疯狂的演讲,用他那张"铁嘴"宣传全球首创的B2B思想,宣传阿里巴巴。

马云一个月能去三次欧洲，一周内可以跑七个国家。他每到一个地方，总是不停地演讲，他在BBC做现场直播演讲，在麻省理工学院、沃顿商学院、哈佛大学演讲，在世界经济论坛演讲，在亚洲商业协会演讲。他挥舞着充满激情的双手，对台下的观众疯狂地叫道："B2B模式最终将改变全球几千万商人的生意方式，从而改变全球几十亿人的生活！"

就是靠这种不断的重复，马云真的达到了他的目的。没过多久，他和阿里巴巴的名字就被欧美国家的很多人记住，来自国外的会员和点击率也呈直线增长。尤为重要的是，他还登上了世界上最著名的财经杂志《福布斯》的封面，成为《福布斯》杂志创办几十年来首位登上其封面的中国大陆企业家。至此，马云用他无与伦比的口才宣传阿里巴巴的"阴谋"彻底得逞。

重复是一种力量。不断对别人重复某个观点的重要性，这样有助于使他人相信你。马云之所以能够说服各种各样的人相信阿里巴巴，接受阿里巴巴，靠的其实就是"不断重复"的宣传技巧。

其实，任何的行为和思维，只要你不断地重复就会得到不断的加强。在你的潜意识当中，只要你能够不断地重复一些人、事、物，它们都会在别人的潜意识里变成事实，并让你的观点具有说服力。所以，如果你想让他人感觉你的观点是代表大多数人的意见，那么你只需要不断地重复它。

5 控场与职场

笑傲职场，增强自身影响力

在职场中，为什么你说出的提议没有人听？你做的决策没有人支持？这都因为你缺乏个人影响力。别再羡慕那些一呼百应的精英了，其实，掌握控场术，你也会成为一个有影响力和号召力的人。

打动人心，把话说到领导的心坎里

人在职场，难免会和领导打交道，很多人的感受都是"伴君如伴虎"，领导永远是不可捉摸，猜不透其意图。于是乎，战战兢兢，缩手缩脚，如履薄冰。其实，并非"老虎的屁股摸不得"，而在于你怎样去"摸"。只要掌握了一定的说话方式和控场技巧，在同领导沟通时，懂得如何说话、说些什么话、怎么把话说到领导心坎上，与领导的相处便会变得轻松自如。

俗话说"一句话说得让人跳，一句话说得让人笑"，嘴上的功夫看似雕虫小技，有时却能改变一个人的命运。同样一个目的，用不同的方式表达，所达到的效果也会大不一样。

在职场中，会说话的人往往容易赢得领导的好感和重视。话说得好听，说得到位，领导便易于接受你提出的条件和要求。否则即便是一件简单的事情，也很容易办砸。

说话的方式有很多种，方式无所谓好坏，却有适不适当之说。适当的话容易被接受，不适当的话自然就会被拒绝。很多时候，说话不在于说什么，而在于怎么说。会说话的人，根本不用赤膊上阵，不用立功请赏，也许就能打动领导，为自己扫除成功路上的障碍，从此平步青云。

在职场当中，不仅要会干，还要会说。说话的能力往往决定着一个人成就的大小，在这个社会，做一个会说话的人，往往受到别人的喜欢，不管是做人做事，说话的能力都是一个至关重要的因素。出色的口才不但能帮你施展才华，更会让你赢得领导的赞赏。看看身边那么多的职场达人，哪一个不是说话的高手、沟通的奇才？成功人士大多是聪明的说话者。正如卡耐基所断言："现代成功人士80％都是靠一根舌头打天下。"这些成功人士正是依靠出众的口才而被领导认同，上得青睐，下得爱戴。

　　小杨大学毕业以后想进入到某公司，但他没有盲目地去应聘，而是花费了很多精力，广泛收集该公司经理的有关信息，详细了解这位经理的奋斗史。那天见面之后，小杨这样开口：

　　"我很愿意到贵公司工作，我觉得能在您手下做事，是最大的光荣。因为您是一位依靠个人奋斗取得事业成功的人物。我知道您10年前创办公司时，只有一张桌子、一位职员和一部电话机，经过您的艰苦奋斗，才有了今天的大业。您的这种精神令我钦佩。我正是奔着这种精神才前来接受您的挑选。"

　　所有事业有成的人，差不多都乐于回忆当年奋斗的经历，这位经理也不例外。小杨一下子就抓住了经理的心理，一番话引起了经理的共鸣。因此，经理乘兴谈论起他自己的成功经历。小杨始终在旁认真聆听，不时以点头来表示钦佩。最后，经理向小杨很简单地问了一些情况，终于拍板："你就是我们所需要的人。"

　　看来，学会和领导说话，是职场人士的一门必修课。领导常常根据一个人的讲话水平来判断其学识、修养和能力。口才可以表现出一个人的睿智和高雅，也可以暴露出一个人的愚蠢和低俗。好的语言如同好的色彩，易让领导感受到你的为人，有效发挥交流的作用。有人说，干得好不如说得好。这句话虽然有些偏颇，但是在职场中，如果会做事再加上会说话，那这样的员工肯定能迅速受到领导的青睐和重用。一个会说话的人，可以将自己所拥有的专业知识及专业能力进行百分之百地发挥，并能迅速地给领导留下好印象。如果不会正确地表达，永远也不可能改变领导对你的认识。

　　总之，当今职场犹如一场没有硝烟的战场，晋升、加薪都需要竞争，而我们都知道，从某种角度上说，掌握职场生杀大权的就是我们的领导。因此，在工作中，只有与领导进行有效的沟通，才能有利于我们工作的开展。

巧妙进言，说服领导改变初衷

在日常的工作和生活中，我们常常希望把自己的观点想法思路准确有效地传达给某些人，并且需要对方能够接受我们的意见或建议，然后付诸实施，这个过程就是说服。说服是一门很高超的技术。苏联教育家加里宁说："说服的内容，从技巧不同的人嘴里说出，得到的效果是完全不同的。"所以在与领导的沟通过程中，只有找到说服的关键，把握上下级关系的特殊性，采取得体的口气、恰当的方式和技巧，讲究说服的艺术，才能收到良好的效果。

小王、小黄和小李是大学同学，毕业后，三个人同时应聘一家大公司的市场部，听命于同一位老板。三人工作能力和表现都不错，两年以后都成了部门骨干。可是三个人在工作风格上有一个最大的不同，那就是当上司的决策出现问题时，小王就会视若罔闻，采取隔岸观火的态度；而小黄往往会直言不讳地当着众人的面向上司指出来。如果上司安排的事情有明显的错误，小黄甚至会顶着不办。小李则完全不同，当他觉得上司的决策有问题的时候，他会先私下给上司写一封邮件，表明自己的想法和担心。如果上司坚持，他也能认真去实施，尽量完成上司的想法。即使失败，他也主动承担自己那部分责任，从来不在众人面前抱怨上司。3 年过去了，上司升职在即，选接班人时，他毫不犹豫地选择了小李。

由此可以看出，在工作中，给领导提出有效意见是十分必要的。但对于领导来说，他又有他的自尊和权威，绝不容外人任意侵犯。即使他错了，也绝不容他的下属使他面子扫地。所以，向领导提建议时一定要把握分寸，不可鲁莽。

怎样才能使自己的观点让领导欣然接受呢？我们不妨运用以下几种提建议的方式。

1. 一语中的，抓住关键点

说服领导是一门技术，也是一门艺术。说服固然要以正确的思想为前提，但技巧也是极其重要的。在说服领导时，如果不注意语言的技巧，一味地反复说理，只会引起领导的反感。这时，你不妨先理清思路，找到你的说服关键，在说服领导的过程中用简洁有力的语言向领导陈述你的观点，一语中的地让领导明白你的话语，从而达到成功说服领导的目的。

当领导的意见与自己意见相左时，最重要的事是清楚知道领导的立场，也就是在说服领导之前，必须先清楚知道他与自己意见相左的关键点何在。如果抓不住要领，泛泛而谈，这样的说服连自己都没法信服，更不用说去说服领导了。当你自己都抓不住说话的关键时，只会引起领导的反感。所以，说话抓住关键，一语中的，分析入情入理，才能为你的说服增加有力的筹码。

汉代著名丞相萧何有一次向汉高祖刘邦请求将上林苑中的大片空地让给老百姓耕种。上林苑是一处为皇帝游玩嬉戏、打猎消遣的大片园林。

刘邦一听萧丞相居然要缩减自己的园林，不禁勃然大怒，认为萧何一定是接受了老百姓的大量钱财，才这样为他们说话办事的。于是萧何被捕入狱，同时被审查治罪。当时的法官廷尉为讨好皇上，只要皇上认定某人有罪，廷尉不惜用大刑使犯人服罪。

就在这紧要关头，旁边的一位姓王的侍卫官上前劝告刘邦说："陛下还记得原来与项羽抗争以及后来铲除叛军的时候吗？那几年，皇上在外亲自带兵讨伐，只有丞相一个人驻守关中，关中的百姓非常拥戴丞相。假如丞相稍有利己之心，那么关中之地就不是陛下的了。您认为，丞相会在一个可谋大利而不谋的情况下，去贪百姓和商人的一点小利吗？"

简单几句话，句句击中要害。刘邦深有感触，终于认识到自己的鲁莽，对不起丞相的一片诚心，感到非常惭愧。于是当天便下令赦免萧何。

说服他人并不在于你滔滔不绝，说了多少话，而要看能不能说到点子上，只要一针见血，就能立竿见影，使人口服心服。

语言具有无穷的威力，关键就在于人们是否会使用好它。在对领导进行说服时，只要充分掌握事实，了解了相关情况，抓住要害，开门见山，一语中的，这样，才能成功说服领导。

2. 将"意见"变成"建议"

职场上有一句经验之谈：永远不要向你的领导提意见！这基于一种简单的逻辑，即：一般人都不爱听反对自己的话。但人们都有向往好事物的一面，所以不妨在适当的时候向你的领导提几点"建议"，不仅包括了你所要提出的意见，而且指出了解决问题的方案。

在提建议时不仅不能伤害领导的自尊心，而且还不能剥夺领导的选择权。如果你总是强调自己的意见或想法的话，就很容易让领导产生反感。比如，你对领导说"我这个提议就应该通过！"即使你这是个不错的建议，领导也很难接受。如果你换一种说法："就这个问题我想了很久，觉得可行性比较大，经理，你觉得如何？"由于你表现出非常尊重领导的意思，那不仅领导接受起来很容易，而且也容易与领导建立起互信的关系。

马林是个初入职场的年轻人，作为公司经理的秘书，他经常替经理起草一些文件。

一天，经理把马林叫进了办公室，亲切地对他说："马秘书，你起草一个公司关于迟到早退的奖惩办法，结合之前的方案，再适当补充一些，明天中午拿给我看。"

马林轻松地应道："经理，您放心，我会好好写的。"

回到办公室，马林搜索公司之前对迟到早退的奖惩条例，他发现其中好多条例的奖罚都不是很分明，而且他发现其中多是惩罚的条款，而奖励的条款很少，而且在奖惩幅度上，惩罚的力度明显比奖励的要大得多。

看到这里，马林激动地跑到经理的办公室，高声对他说："经理，我发现以前的条例存在好多问题，我觉得应该把原有的版本全部推翻，再由我来重新起草一份……"

马林的话还没说完，他就发现经理的脸色变了，经理冷冷地说："是吗？没想到你还这么有见解。我现在忙得很，你先出去吧。"

马林一看形势不对，只好从经理的办公室退了出来。他百思不得其解，明明自己是为了公司好，想要好好完善公司的条例制度，为什么经理却有这么反常的反应呢？一旁的同事看到马林一脸的不解，只好告诉他："马林，这条例之前是经理亲自起草的，你不应该直接说条例存在很多问题。即使你对条例有再好的意见，也要先征求经理的想法，而不是贸然提出自己的意见……"

听到这里，马林恍然大悟。第二天，马林拿着调整好的条例去和经理沟通。马林谦逊地说："经理，我是在您原来的基础上作的调整，您原来起草的条例已经挺好的了，但为了使公司的制度更加完善，我建议对条例再作一些小修改，比如说适当调整奖惩的比例，您觉得可以吗？"

经理看到马林提的建议很中肯，态度也很谦逊，因而很高兴地说："马秘书，你的提议不错，你就按这个来起草吧。"马林的建议终于被经理采纳了。

从上面的事例，我们可以得到很好的启发：将"意见"转化为"建议"，的确不失为向领导提意见的上等策略。首先，它是站在领导的立场上，最终是为了维护领导的权威，出发点是善意的；其次，这种策略是一种温和的方式，能够充分照顾到领导的自尊，易于被领导接受，效率较高。

将"意见"转化为"建议"是建立起良好的上下级关系的一个重要途径，但有一个重要的前提，那就是不能伤害领导的自尊心。如果你想把自己的一些想法付诸实施，不仅要向领导报告，而且要变成具体如何实施的"建议"。

3. 因势利导，循循善诱

说服他人，尤其是高高在上的领导者、有权势者，必须因势利导、循循善诱，因为他们一般有心理优势，不会轻易采纳他人的建议。如果讲究说话策略，通过诱导，最后让对方自己说出我们想说的话，那么这就是向他人建议的较高境界。

后汉隐帝害怕郭威会危及自己的皇位，派使臣去杀郭威。郭威向魏仁浦求助，魏仁浦说："您一向清白且为世人称颂，现在又握有重兵，据守重镇，被小人诬陷是免不了的。难道你想坐着等死吗？"郭威说："想当年，我和杨邻跟随先帝夺取天下，保家卫国，如今他们已经死了，我还有什么心思独自活着！"魏仁浦说："如今皇上昏庸，你就这么死了，别人还以为你真的有罪呢，岂不是葬送了你一世英名？你不替手下这帮为您卖命的将士想想吗？不为天下的百姓想想吗？"郭威拍案而起："昏君当道，百姓遭殃，正是我等建功立业的天赐良机，有了你等的辅助，大事可成！"郭威于是起兵造反，建立了后周。

听说后汉隐帝命令使臣杀郭威，魏仁浦有心劝说郭威推翻昏君、成就大业，于是他先是称赞郭威的人品和功绩，接着向其晓以利害关系，郭威权衡之后，认为束手待毙不但使自己一生的功绩遭到埋没和误解，更会因此让将士和百姓陷入苦难。魏仁浦巧妙牵引，最终借助郭威的嘴，说出自己想说的话。

与其滔滔不绝地说服他人，不如将自己想出来的话灌输给别人。说话时，巧妙牵引，给对方一个铺垫，一点启示，一条线索，对方自然会理解你的想法，说出你想要说的话。

4. 先赞美，后批评

在说服别人接受你的观点的时候，先赞美一下对方，再表达自己的观点，就很容易被对方接受。因为当我们听到他人对自己的优点加以称赞后，再去听一些不愉快的话，自然会比遭受直接批评感觉舒服一些。

在一次市场营销会议上，经理草率地决定了保健品的社区宣传推广计划，引起了很多人的质疑。这么重要的产品推广计划，怎么能在不做市场调研的情况下就草率决定了呢？于波耐不住自己的急性子，当面就提出了反对意见。

"经理，你的决定太草率了，我觉得还是应该先做调研，再做决定。"

"草率？"这个字眼似乎狠狠地刺激了经理，他刻意把它提了出来。"做事情就得有魄力，等你什么都调查好了，黄花菜都凉了。"

于波碰了一鼻子灰。

事后，经理确实没有实施原本定下的产品推广方案，而是转而进行市场调研。可是，奇怪的是原本由于波负责的调研工作，经理却全权交给了市场部的王洋。

原来，对于经理的决定，王洋与于波有着相同的看法。但与于波不同的是，王洋并没有直接指出经理的不对，而是私下里对经理说："我非常佩服您一贯果断的工作作风。但是，咱们这款保健品属于高档产品，而周围的居民区都是一些工薪阶层的老百姓，就怕咱们费了功夫而成效不佳呀。"

经理觉得王洋的意见提得非常有道理，于是决定采纳，并且把调查工作交给了王洋。

同样是希望经理改变决定，于波直击要害，指出经理行事"草率"。这种批评方式首先会让人感到不被尊重。而王洋则完全不同，他以赞美的话语作为批评的开端。这种批评的总体基调是让被批评者感到在人格上是被肯定被尊重的，只是在具体问题上看法的不同而已。于是，领导会感觉有可商量可讨论的空间，对来自王洋的意见也自然容易接受。

在说服领导的过程中，有的人会抓住问题，开门见山地说出领导所犯的错误。不过，批评就像一把利剑，可以救人，也可以杀人。当你随便拿起这把"剑"直接去"救"你的领导时，也最容易把领导刺伤。导致你十有八九加薪无望、升职无门。但如果你能巧妙地提出建议，比如在准备指出领导对一项工作考虑得不够周密或者有失误的时候，别急着全盘否定领导的意思，而要先找到可以肯定的"点"进行赞美，然后再指出问题的要点所在，这样领导就不会感到没面子，也乐于听取你的建议。

处理好同事的关系，登上成功的巅峰

同事之间的关系，事实上常常是人们最为重要的社会关系之一。对现代人来说，和同事一起打交道、一起分工合作的时间与机会甚至远远超过生命中最重要的亲人。有研究显示，公司中有好朋友的人比其他人有更高的工作效率、有更高的企业认同感，也更不容易产生职业枯竭。因此，处理好人际关系，不仅有利于开展工作，对自己的身心健康也更有益。

李维是名牌大学毕业的，在公司做业务员。在同事中间，数他的学历最高，也数他的业绩最好。大家也都非常尊重他，积极配合他做好相关工作。

李维渐渐地开始有点目中无人了，觉得除了领导，就是"老子天下第一"了，开始强烈要求同事给他做事。开始时，大家都还勉强接受，但后来他越来越口无遮拦了，用命令的口吻要同事帮他做事。这时，同事都不买他的账了，就连他办公桌上的电话也不给他接了。由于他出差时，电话老是没人接，因此他在客户心目中的地位开始大打折扣，业绩大不如前。

后来其他同事通过努力合作，业绩还超过了他，这让自尊心极强的李维觉得挺没面子，于是找了个借口辞职走了。

可见，同事之间的关系处理不好，会直接影响你的工作。一个人在职业上的发展和取得的成绩，有赖于人际关系的积累与和谐，与同事和谐融洽地相处，可以让一个人心无杂念地踏实工作，而这也必将成为一个人职场成功的因素之一。

日常交往中，我们不妨注意把握以下几个方面，来建立融洽的同事关系。

1. 相互尊重

同事之间，不管能力和水平有多大的差异，都应对他人有必要的尊重。对那些你认为水平比你高、能力比你强的人，也不要表现出缺乏自尊与自信，这样往往让他瞧不起。对那些你认为不如你的同事不要盛气凌人，因为这样会因为你对他不尊重而导致正常交往的失败。不要在他人面前说绝对话、过头话，不要扫他人兴，不要以质问的口气对人说话，这些都是对别人的不尊重。相反，在你出现错误时，要勇于承认错误，并适时地请求别人的帮助。承认你需要帮助，会容易与和你一起工作的人打交道，而告诉别人你从某个错误中学到了什么，则证明你并没有把自己看得高人一等，让人感到你容易相处。

2. 求同存异

同事之间由于经历、立场等方面的差异，对同一个问题，往往会产生不同的看法，引起一些争论，一不小心就容易伤和气。因此，与同事有意见分歧时，一是不要过分争论。客观上，人接受新观点需要一个过程，主观上往往还伴有"好面子"、"好争强夺胜"心理，彼此之间谁也难服谁，此时如果过分争论，就容易激化矛盾而影响团结；二是不要一味"以和为贵"。即使涉及原则问题也不坚持、不争论，而是随波逐流，刻意掩盖矛盾。面对问题，特别是在发生分歧时要努力寻找共同点，争取求大同存小异。实在不能一致时，不妨冷处理，表明"我不能接受你们的观点，我保留我的意见"，让争论淡化，又不失自己的立场。

3. 不要独享荣誉

我们在做一项工作时，经常要与人合作，在取得成绩之后，我们也要让大家共同分享功劳，切忌处处表现自己，将大家的成果占为己有。提供给他人机会、帮助其实现生活目标，对于处理好人际关系是至关重要的。

4. 信守承诺

言必信、行必果，在同事交往中非常重要。一出口，就要考虑到责任感，没有把握或做不到的事，不要信口允诺，不能空口说大话。允诺了的事不管有多么困难，也要千方百计地去兑现。如果因其他意外的原因未能办成，应诚恳地向对方解释说明，并致以歉意，不可不了了之。在做事或工作中，要有毅力，有持之以恒的决心，凡经过考虑成熟的事就要善始善终，决不中途松懈，虎头蛇尾。这样，在人际交往中才能表明你是个有见地、有能力和可以信赖的人。

5. 同事之间要相互帮助

俗话说得好："一个篱笆三个桩，一个好汉三个帮。"同事间只有互相团结、相互支持、互相帮助、相互尊重、亲如一家，才能营造一个和谐的工作环境。我们经常能听到这样一句话：与人方便，与己方便。我们工作中如果没有了关怀和爱心，同事之间就无法和睦相处。有时候，我们必须为他人的利益着想。如果只站在自己的角度而不顾别人，那么你就可能受到排挤、攻击。不给他人方便的人，自己也难有好的结果，不爱人等于不爱己。

6. 多补台不拆台

单位就是一个大家庭，我们每一位成员都是家庭的一分子，我们相互之间要多联系、多沟通、多协调，少猜疑、少指责、少说怪话，要相互"补台"，而不"拆台"，切实做到不利于团结的话不说，不利于团结的事不做，精诚团结，与同事之间团结协作、共同进取。特别是在与外单位人接触时，要形成"团队形象"的观念，多补台少拆台，不要为自身小利而害集体大利，最好"家丑不外扬"。

7. 真诚相待

同事间相处具有相近性、长期性、固定性，彼此都有较全面深刻的了解。要特别注意的是真诚相待，不能以"礼"行虚，一个人如果给同事的印象是"虚礼"，他就不能赢得同事的信任。信任是联结同事间友谊的纽带，真诚是同事间相互共事的基础。同事之间的工作受阻，或遇到挫折和不幸时，往往是相互之间真诚和信任的重要时机，在这种关键时刻要特别留心，把同事的境遇挂在心上，及时给对方真诚的关心和帮助，才能使同志式的友谊地久天长。同时，在同样的工作条件下，相互的喜好、爱憎都较接近，至少相互比较熟悉，因此，处理各种事情时，只能设身处地替他人着想，在自己的言行付诸行动之前想一想别人这样对待自己时会怎样？就会获得别人的赞赏。

总之，建立融洽的同事关系是一门重要的学问，我们只有以团结友善的态度对待同事之间的关系，才能创造一个宽松的工作环境，提高工作效率，增强企业的凝聚力。

赞扬你的下属，让他工作更加卖力

俗话说："良言一句三冬暖，恶语半句六月寒。"人人都喜欢听好话，都希望得到他人的肯定。美国的一位著名的女企业家玛丽凯经理曾说过："世界上有两件东西比金钱和生命更为人们所需——认可与赞美。"

　　赞美是调动下级的积极性、激励下级工作热情、以实现工作目标的绝佳方法。洛克菲勒曾经说过："要想充分发挥员工的才能，方法是赞美和鼓励。一个成功的上司，应当学会如何真诚地去赞美他人，诱导他们去工作。我总是深恶挑别人的错，而从不吝惜说他人的好处。事实也证明，企业的任何一项成就，都是在被嘉奖的气氛下取得的。"

　　赞美是一种鼓励，是一种肯定，赞美可以让平凡的生活富有乐趣，赞美可以把不协调的声音变成美妙的音乐，赞美可以激发人们的自豪感与上进心。

　　美国康涅狄格为新加尔菲尔德市的一名普通主管，她的职责之一是监督一名清洁工的工作。他做得很不好，其他的员工时常嘲笑他；并且常常故意把纸屑或其他的东西丢在走廊上，以显示他工作的差劲。这种情形当然很不好，而且影响工作质量。

　　这位女主管试过各种办法，但是都收不到效果。不过她发现，这位清洁工也偶尔会把一个地方弄得很清洁。于是，女主管就趁他有这种表现的时候在大众面前公开赞扬他。于是，这名清洁工的工作从此有了改进，不久他可以把整个工作都做得很好了。现在他的工作可以说再没有别人可以挑剔的地方，其他人对他也大为赞赏。

　　赞美是一门艺术，恰当的赞美，能够调动下属的工作积极性，能够使上下级关系更加和谐。赞美下属是一笔小投资，但是它的回报却是非常丰厚的。如果你能学会赞美下属的技巧，掌握赞美别人的艺术，一定能收到意想不到的效果。

　　赞美是一种力量。一个人具有某些长处或取得了某些成就，他还需要得到别人的承认。如果你能以诚挚的敬意和真心实意的赞扬满足一个人的自我需求，那么任何一个人都可能会变得更愉快、更通情达理、更乐于协作。

　　现实工作中，当下属付出艰辛劳动时、接受工作指派时、取得成果时，他们往往更渴望得到别人的尊重与承认。这时候，给予其真诚的赞美，让人有一种如沐春风的感觉。因为赞扬就是认可他的价值，肯定他的工作，使他拥有一种成就感、满足感。真正成功的团队上司，是那些善于恰当地赞美员工，肯定员工的人。作为上司，你应该努力去发现可以对下属加以赞扬的事情，寻找他们的优点，形成一种赞美的习惯。

某局局长很善于称赞科员们。因为他知道，称赞的力量往往是巨大的，称赞可以激励科员们不断努力、再创佳绩。

办公室秘书小高在一次竞赛中获得了年度新闻稿件一等奖。拿回证书以后，局长就给予了小高较高的评价："小高，不错！你的那篇稿子我拜读过，文笔流畅，观点突出。好好努力，将来很有发展的潜力。"

财务科会计小闫在全市财会人员珠算竞赛中获得二等奖。局长高兴地说："这次获奖，是你平时努力的结果。这就叫'功夫不负有心人'。如果没有往日的努力，是不可能会取得这么好的成绩的。"

这种称赞使下属意识到了自己的价值，从而也对自己充满了信心，同时还会使下属领会到领导对自己付出心血的肯定，便会产生"知己感"。

赞美之所以对人的行为能产生深刻影响，是因为它满足了人的自尊心的需要。赞美是对个人自我行为的反馈，它能给人带来满意和愉快的情绪，给人以鼓励和信心，让人保持这种行为，继续努力。赞美也是一种有效的激励，可以激发和保持一个人行动的主动性和积极性。

赞美是一件好事，但绝不是一件易事。上司赞美下属时如不审时度势，不掌握一定的赞美技巧，即使你是真诚的，也会变好事为坏事。所以，上司一定要掌握以下技巧：

1. 赞美要及时

当员工做出了成绩，或者做了件有益于公司的好事时，最希望被人知道，及时得到人们的赞美，这不是虚荣心的表现，而是正常的心理活动。而且心理学表明，人们的这一期待心理是有时间期限的，得到的赞美越及时，人们越容易受到鼓舞。如果拖延数周，时过境迁，迟到的表扬就会失去原有的味道，再也不会令人兴奋与激动。所以，上司要记着把你的赞美及时送达员工的心里，哪怕是下属有了一点小小的进步，也不要忘记及时向他们表示你的赞扬。

2. 赞扬的态度要真诚

赞美下属必须真诚。每个人都珍视真心诚意，它是人际沟通中最重要的尺度。英国专门研究社会关系的卡斯利博士曾说过："大多数人选择朋友都是以对方是否出于真诚而决定的。"所以在赞美下属时，你必须确认你赞美的人的确有此优点，并且有充分的理由去赞美他。避免空洞、刻板的公式化的夸奖，或不带任何感情的机械性话语，这样会令人有言不由衷之感。

3. 赞美下属的特性和工作结果

赞扬下属的特性，就是要避免共性；赞扬下属的工作结果，就是不要赞扬下属的工作过程。

作为上司，在赞扬一位下属时，一定要注意赞扬这位下属所独自具有的那部分特性。如果上司对某位下属的赞扬是所有下属都具有的能力或都能完成的事情，这种赞扬会让被赞扬的下属感到不自在，也会引起其他下属的强烈反感。

与此类似，上司要赞扬的是下属的工作结果，而不是工作过程。当一件工作彻底完成之后，上司可以对这件工作的完成情况进行赞扬。但是，如果一件工作还没有完成，仅仅是你对下属的工作态度或工作方式感到满意，就进行赞扬，可能不会收到很好的效果。相反，这种基于工作过程的赞扬，还会增加下属的压力，进而还会对上司的赞扬产生某种条件反射式的反感。果真如此，上司的赞扬也就成了弄巧成拙。

4. 赞美要具体

表扬员工时，要针对他的工作，而不是针对人，哪件事做得好，什么地方值得赞扬，说得具体些，才能使受夸奖者产生心理共鸣。比如"你刚才结尾的地方很有创意"。如此一来，员工便知道哪里做得好。倘若你进一步夸赞其内在特质："结尾做得很有创意，可见你是个很有创意的人。"就更能提升员工的心理满意度。相反，如果你对任何人都用一样的赞美之词，使用空洞、刻板的公式化的夸奖，或不带任何感情的机械性话语，那么时间久了，你的赞美之词就成了乏味的唠叨。

总而言之，赞美下属是一种不需要任何投资的激励方式。作为上司的你，千万不要吝惜自己的语言，真诚地去赞美每个人，这是促使人们正常交往和更加努力工作的最好方法。

惩前毖后，批评下属有技巧

人非圣贤，孰能无过？在日常工作之中，下属的工作常常会出现某些偏差和错误，这个时候就需要上司对下属进行批评教育和纠正，达到不再犯的目的。但是批评的尺度和方法却又必须掌握得当，不然效果就会适得其反。

詹姆斯是一位精明能干的经理，可是就有个怪毛病，不准员工出半点差错，不然的话就大发雷霆。

有一次，他看到一份报告上有一个错字，那是个拼写错误，有人把 Believe 写成了 Beleive。于是，雷霆大怒的詹姆斯把写错字的工程师叫到了办公室。

"你这个家伙连这么点错误都要犯，你到底是怎么读的博士学位？e 怎么可能在 i 的前面，记住，i 永远在 e 的前面。"整个走廊都听得见詹姆斯的声音。

可是，没过几天，詹姆斯经理又发现了同样的拼写错误，而且又是出自同一人之手。

这次，詹姆斯被彻底地激怒了，他叫来了那个"屡教不改"的工程师，怒不可遏地冲他咆哮道："噢！上帝怎么也会让你长个脑袋？难道你的脑袋是吃屎的吗？你忘了我上次怎么说你吗？"

那工程师很平静，恶狠狠地盯着詹姆斯说道："你不是说 i 永远在 e 之前吗？"詹姆斯大声回答："是。"

工程师二话没说，随手从桌上拿起一份文件，把上面的 Boeing 字样一笔勾去，写成了 Boieng。

上例中这个不愉快的结局是由于这位詹姆斯经理缺乏批评技巧，如果他当时不那么气愤，而且采用一种心平气和的态度，可能就会很好的协调了上下级的关系。所以说，批评要想达到预期的效果，方法是关键。上司只有找到正确的批评方法，才能达到理想的管理效果。

批评是一个敏感的话题，哪怕是轻微的批评，都不会如赞扬那样使人感到舒畅。如果上司态度不诚恳，或者居高临下，冷峻生硬，就会引发矛盾，产生对立情绪，使批评陷入僵局。因此，批评必须注意态度，诚恳而友好的态度就像一剂润滑剂，往往能使摩擦减少，从而使批评达到预期效果。

"小赵，你到我办公室来一趟！"销售部经理"啪"的一声挂了电话，这让刚刚还和同事有说有笑的小赵一下子心惊胆战起来，他硬着头皮走进了经理办公室。

"看看你这个月的销售业绩，怎么这么差啊？你看看人家小李，刚来两个月，业绩就做到本月第一名。你以为我能让你拿这么多的薪水，我就不能让别人拿的比你更高？再这样下去，你这个销售冠军还能保持多久？"还没等小赵开口，坐在老板椅上的经理就是一阵连珠炮般地轰炸，说完还把一沓厚厚的报表扔在小赵面前。

"经理，我……"小赵本想趁这个机会就此事与经理正面沟通。

"什么都不用说了，回去好好反省吧。我再给你一个月的时间，要是下个月你的业绩还不能提升，那我就要扣你的年终奖金了。好了，你先出去吧。"经理不耐烦地摆手示意欲言又止的小赵出去。

一肚子委屈的小赵无奈地走出经理办公室，回想起经理那咄咄逼人的架势，他心里十分窝火。自己从公司创业到现在一直风雨无阻、任劳任怨地开发新客户、巩固老客户，拓展了公司近30%的现有市场，客户的投诉率一直保持在全公司最低，年年被评为优秀员工，而这些经理好像全都忘记了。这个月小赵被经理分派到刚开发的新市场，客户数量不多，但与前期相比，现在正以10%的速度增长。再加上本月由于公司总部发货不及时，有很多客户临时取消订货单，销售额与成熟市场当然不能比，而小李是新员工，一开始就被安排到原有的老市场，客户源稳定，客户关系网坚固牢靠，加上市场形势大好，自然丰收在即。小赵觉得经理只看数字，不问事实，真是太不公平了，真想辞职走人。

显然，事例中这个销售部经理的批评并没有起到积极的效果，它不但没有激发小赵的积极性，还严重损伤了他的工作热情。所以，批评下属是需要一定的技巧，运用了正确方法，可得到积极效果，相反只会使事情更糟。那么，什么样的方法易于对方接受呢？上司需要把握以下几点：

1. 批评要适度

下属犯了错误，批评当然还是要有的，但是一定要适度，并且要讲究批评的技巧，一而再、再而三地对一件事做同样的批评，会使下属从内疚不安到不耐烦再到反感讨厌。为避免这种超限效应的出现，做上司的应坚持对下属"犯一次错，只批评一次"。再次批评也不应简单地重复，而要换个角度、换种说法，这样下属才不会觉得同样的错误被"揪住不放"，厌烦心理会随之减低。

2. 批评找准事实依据

上司在批评下属前，先要深入了解事实真相。真相往往隐藏在表象之后，只有通过细致入微地分析，多方位多层次地综合，加之以理性的判断才可能浮出水面。因此上司不可先入为主、主观猜测，而须秉持公正无私之心，这是确保批评顺利进行的前提条件。

3. 批评要刚柔相济

批评是一件严肃的事，既不能轻描淡写，也不能草率从事，要认真对待，触及灵魂。一团火气斥骂的批评方式，拍桌子打板凳，不但不能解决存在的实际问题，还会给下属留下极坏的印象。而对那些犯有严重错误，影响极坏而又屡教不改的人，千万不能用温和的言语进行批评，要用严厉的语言和严肃的态度，一针见血地进行批评。但这种一针见血的批评不是为了骂人，是救人。所以上司在批评下属时，既要讲原则又要讲团结，既要严，又要慈，刚柔相济，言之有威，一针扎进去了别忘了再帮他擦擦血。

4. 批评要找准时机

上司批评下属要找准时机，既不能过早，也不能过晚。心理学研究的成果告诉我们，语言的"分量"是随机而分轻重的。这主要决定于所说的话语对听者切身关系的大小，听者对话语的精神准备程度，外界环境的情况，以及听者兴奋性刺激物和抑制性刺激物的多少等条件。批评也是如此。若实施过早，条件不成熟，往往达不到预期目的。例如，两位下属刚吵过架，情绪因受刺激正处于极度兴奋状态。这时若上司对双方马上施以劈头盖脸的批评，不但对问题解决无益，还会"引火烧身"，招致自身麻烦，导致他们迁怒于自己，使自己不得超脱、陷入下属的矛盾纠纷。正确的办法应是先"挂"起来，进行"钝化矛盾"的"冷处理"。待到双方都心平气和时，再顺势着手解决。

5. 批评要以理服人

批评能不能奏效，关键在于上司能否以理服人。有些上司总是忘不了自己大小是个"官",下属一旦有错,总是居高临下,盛气凌人,好摆官架子,好拿当官的腔调,动辄训人。其实,有些人犯了错,在你没有批评他之前,他早有自知之明了,也许还想好了弥补的措施。可面对官气十足者的训斥,反而会产生逆反心态,"就是不服气",甚至对着干。人非草木,孰能无情?只要晓之以理、动之以情、言辞恳切,把批评融进关切之中,既指出问题,也帮助分析问题产生的原因以及任其下去可能会造成的影响,同时给予热情的勉励和殷切的期望,让下属从内心里感到你是在关心他、爱护他,是在真心实意地帮助他修正缺点、改正错误,这样才能真正达到惩前毖后、治病救人的目的。

6. 批评的重点不在错误

很多上司在批评下属时,往往把重点放在对方的"错误"上,却并不指明对方应如何去纠正,因此收不到积极的效果。积极的批评,应在批评时,提出建设性意见,以利对方改正。被批评者也会更加认识到你批评得很有道理,心悦诚服。

化敌为友,善于驾驭反对者

在职场中,很多上司都会有自己的反对者,这是不可回避的事实。但在这一共同事实面前,则因上司个体素质、所持态度、处理问题方法的不同而效果就不一样。有的面对反对者恼羞成怒,视为眼中钉,有的无可奈何、束手无策、听之任之,有的则是虚怀若谷统帅有方、驾驭有余,这其中大有学问。聪明的上司都会驾驭反对者,变反对者为支持者,化消极因素为有利因素,让反对者忠心耿耿为自己服务。

有一天,IBM的总裁小沃森正在办公室里,一位中年人闯了进来,并大声嚷道:

"我什么盼头都没有了！干着一份闲差，有什么意思？我不干了！"

这个人就是伯肯斯托克，IBM 公司未来需求部的负责人，刚刚去世的公司第二把手柯克是他的好朋友。

柯克和小沃森是老对头，这在 IBM 上上下下都是知道的，柯克一死，所有人都认为伯肯斯托克在劫难逃。伯肯斯托克本人也这么认为，因此他破罐破摔，心想与其被小沃森赶跑，不如自己先辞职，这样还能够走得体面些。

小沃森和老沃森一样，是个以脾气暴躁而闻名的人，一个部门经理无礼闯入，还扬言不干了，按常人看来，小沃森一定会拍案而起，立即叫伯肯斯托克滚蛋。

令人意外的是，小沃森丝毫没有发火，反倒笑脸相迎。

小沃森不愧是用人的专家，他知道什么时候该发火，什么时候千万不能发火。对伯肯斯托克就属于后一种情形。他知道，伯肯斯托克是一个难得的人才，比刚去世的柯克还要胜过一筹，留下他对公司有百利而无一害，虽然，他是柯克的下属，是柯克的好友，并且性格桀骜不驯。

小沃森对伯肯斯托克说："如果你真的有本事，不仅在柯克手下能够成功，在我和我父亲手下也照样能够成功。如果你认为我对你不公平，你可以走人，如果不是这样，那你就应该留下来，因为这里需要你，这里有你发展的机遇。"

伯肯斯托克扪心自问，觉得小沃森没有对他不公平的地方，并没有别人想象的那样柯克一死就收拾他。

伯肯斯托克留了下来。

事实证明，小沃森留下伯肯斯托克是极其正确的。在促使 IBM 从事计算机业务方面，小沃森曾受到公司高层的极力反对，响应他的人很少，而伯肯斯托克却全力支持他，正是由于小沃森和伯肯斯托克携手努力，才使 IBM 渡过难关走向辉煌。小沃森后来在回忆录中说："挽留伯肯斯托克，是我最出色的行动之一。"

小沃森不仅留下和重用伯肯斯托克，在他执掌 IBM 帅印期间，他还提拔了一大批他不喜欢、但是具有真才实学的人。他后来回忆说："我总是毫不犹豫地提拔我不喜欢的人。那些讨人喜欢的人，可以成为与你一道外出垂钓的好友，但在管理中却帮不了你的忙，甚至给你设下陷阱；相反，那些爱挑毛病、语言尖刻、几乎令人生厌的人，却精明能干，在工作上对你推心置腹，能够实实在在地帮助你，如果你把这样的人安排在自己身边，经常听取他们的意见，对你是十分有利的。"

作为上司不但要善于团结志同道合的人，而且要善于团结与自己意见相左的人，特别是反对自己的人。要受得住委屈，经得起"误会"，对相互间的纠葛和矛盾要善于淡化，善于遗忘，切不可以牙还牙，以怨报怨，要时刻以事业为重，以大局为重，有"度尽劫波兄弟在，相逢一笑泯恩仇"的雅量。具体来说，要做到以下几点：

1. 弄清反对的原因，对症下药

反对者反对自己的原因是多种多样的，只有弄清楚，方能对症下药。有的是思想认识问题，一时转不过弯来。对于反对者切不可操之过急，而应多做说服工作。实在相持不下，一时难以统一，不妨说一句：还是等实践来下结论吧。有的下属反对自己是因为自己的思想方法欠妥或主观武断，脱离实际；或处事不公，失之偏颇。对于这种反对者最好的处理方法就是从善如流，在以后的行动中来自觉纠正。还有的反对者则是因为其个人目的未达到，或自己坚持原则得罪过他。对于这种人，一方面要团结他，一方面要旗帜鲜明地指出他的问题，给予严肃的批评和教育，切不可拿原则作为交易，求得一时的安宁和和气。总之，上司要冷静地分析反对者反对自己的原因，做到有的放矢，对症下药。

2. 为人处世要公正公平

这是一个正直、成熟的上司的基本素质，也是取得下属拥护和爱戴的重要一条。反对者最担心也是最痛恨上司挟嫌报复、处事不公。上司必须懂得和了解反对者这一心理，对拥护和反对自己的人要一视同仁，切不可因亲而赏，因疏而罚，搞那套"顺我者昌，逆我者亡"的封建官场作风。只有这样，反对者才能消除积虑和成见，与你走到一条道上来。

3. 以心换心，真诚地关怀下属

下属总有自身难解决的问题，需要上司去协调、去解决。作为上司理应关心他们的疾苦，决不可袖手旁观，置之不理，尤其是主动帮助那些平常反对过自己的人（这是沟通思想的好机会）。只要符合条件、符合政策，就应毫不犹豫地帮助他们解决实际问题。哪怕一时没办到，但只要你尽了努力，他们也会铭记在心，备受感动。相信只要你付出真情，自然会得到回报，他们就会变反对为支持。那么你所领导的群体就一定会出现一个众志成城、生机勃勃的局面。

4. 善于纳谏，敢于承担过失

一个上司必须具备虚怀若谷的胸怀，容纳诤言的雅量，要扪心自问，检讨自己的错误，并且在自己的反对者面前要勇于承认错误。这不但不会失去威信，反而会提高权威。对方会因为你的认错更加尊重你而与你合作。千万不可居高临下，压服别人，一味指责对方过错，从不承认自己不对。即使心里承认但口头上却拒不承认，怕失面子，这是不可取的，也是反对者最不能接受的。

5. 亲者从严，疏者从宽

一个群体内部有亲疏之分，上司与下属之间也是如此，无论你承认与否，这是不可否认的一个客观存在。因为在一个单位中总有一部分同事由于思想、性情、志趣与自己接近，容易产生共鸣，获得好感，赢得信任，这种亲近关系常会无意中流露出来。而那些经常反对自己的人，在一般人看来是不讨上司喜欢的，无疑与上司的关系是"疏"的。上司与下属之间的"亲疏"，是下属最为敏感的问题。如果上司对亲近自己的人恩爱有加、袒护包容，而对疏远者冷落淡漠，苛刻刁难，那么团体内部必然产生分裂，滋生派性。正确的方法应该是亲者从严，疏者从宽。也就是说对亲近者要求从严，而对疏远者则要宽容一点。这样可以使反对自己的人达到心理平衡，迅速消除彼此间的隔阂和对立情绪。

描绘愿景目标，鼓舞人心

目标是一种满足人的需要的外在物，是刺激人们努力达到的预期成就或结果，它作为一种诱因，对人们的积极性起着强烈的诱发、导向和激励作用，并可以调节人们的行为，把行为引向一定的方向，以使人们获取心理上的满足。

对于一个团队来说，建立一个共同目标，是十分必要的。团队目标永远是对团队成员最好的激励。团队目标越清晰、越吸引人，越有激励作用，越能唤起团队的积极性。而且清晰且明确的团队目标可以产生强大的驱动力，驱动团队成员产生追求团队目标、实现团队目标的勇气和信心。高效团队一般都有一个清晰且吸引人的团队目标，用来说明团队为什么要存在，以及它怎样做才能取得成功。

纵观那些成功的企业，虽有很多成功因素，但它们都必不可少地存在着一个企业上下普遍认同的远景目标激励着全体成员。企业能长期生存发展，就标志着企业主及其企业成员事业的成功，只有在共同远景目标的激励下，下属才能上下精诚团结，竞争能力、抗风险能力也才能提高。

沃尔玛公司从成立发展到现在，堪称是成功的楷模。它的成功，就是因为它有具体的、明确的、清晰的目标。

在1945年山姆·沃尔顿创立第一家廉价商店时，他的第一个目标是"在5年内，使我在纽波特的小店成为阿肯色州最好，获利能力最强的杂货店"，要实现这个目标，这家店的销售额必须增长3倍以上，从年销售额72000美元，增长到25万美元。结果是这家店达到了目标，成为阿肯色州和附近5个州获利能力最强的商店。

沃尔顿继续替他的公司制定惊人而清晰的目标，每过10年就定出一个目标。1977年时，他定出的目标是在4年内成为年销售额1亿美元的公司（亦即增长两倍以上）。

……

当然。这个目标又实现了。他继续替公司定出新的目标，以1990年为例，他定出一个新目标：在公元2000年前，使公司拥有的商店数目倍增，并且使每平方米的销售额增加60％。

沃尔玛公司的一名董事罗伯特·康恩曾在一封信中这样写道……沃尔顿清楚表明一个目标，要在公元2000年前，把商店的数目增加一倍，并且把每平方米的销售额提高60％。更重要的一点（也是大家没有注意到的）是，他确实定出了1250亿美元的明确目标……

远景目标是团队为未来所勾勒的一张蓝图，一旦为全体团队成员所认同，就会成为激励大家为之奋斗的精神动力。在追求远景目标的过程中，人们会激发出巨大的勇气，去做任何为实现远景目标所必须做的事情。它不是一种抽象的东西，而是一种具体的东西，它能够激励团队的所有成员在工作上达成共识，共同为团队的事业和使命而奋斗。

企业要想成为吸引员工的强磁场，管理者就应善于不断为员工制定具有诱惑力的目标让员工永远充满希望，努力实现上级的预言，促进下属和企业一起成长。松下幸之助曾经这样说："管理者的重大责任之一，就是让员工拥有梦想，并指出他们努力的目标；否则，就没有资格当领导。"在他担任松下电器社长期间，不断地向下属描述企业发展的目标，不仅让下属对未来充满了梦想，也震惊了整个企业界，同行纷纷改变政策，向松下电器公司学习。

任何一个团队或组织，如果没有一个成长的愿望，没有一个目标，不知道应该干什么，那它的资源可能就会非常的分散，人心也就不能往一个地方想，团队也不可能获得成功。相反，如果一个团队有了目标，就有了明确的终点线，团队管理者会清楚地知道自己的目标是否已经实现，团队成员也会清醒地向着终点线冲刺。

团队目标的实现关系到全体成员的利益，是鼓舞斗志、协调行动的关键因素。能够取得团队成员认可的目标，会对团队成员具备很强的吸引力和号召力，可以在提高主动性和积极性等方面发挥意想不到的作用。

摩托罗拉公司创始人高尔文经常利用挑战性的目标敦促他的下属员工们做一些看似不可能实现的事情。例如，在20世纪40年代末，摩托罗拉公司刚进入电视机市场时，高尔文就为电视机部门制定了一个富有挑战性的目标：在第一个销售年，以179.95美元的价格卖出10万台电视机，还必须保证利润。

一位管理者抱怨说："我们绝对卖不出去那么多电视机，那意味着我们在电视机业的排名必须升至第三或第四名，而我们现在最好的排名才是第七或第八位。"

还有一位产品工程师说："我们甚至都还没有把握能使电视机的成本低于200美元，但售价已经定在179.95美元了，这怎么可能保证利润呢？"

但是，高尔文却回答说："我们一定要卖出这个数量。在你们拿出用这种价格、卖出这个数量、还有利润的报表给我看之前，我不想再看任何成本报表。我们一定要努力做到这一点。"

之后，高尔文通过员工们反馈的信息，制定了一项严格的奖罚制度，迫使员工们都为了实现上述目标刻苦钻研、努力创新，想方设法降低电视机的生产成本。同时，也重新审查制定了新的销售制度，督促销售部门在业务上投入更多的精力。不到一年，摩托罗拉公司真的实现了销售目标，使电视机的销售在排名榜中升至第四位。此后，公司不断地发展壮大，成为电子技术领域的佼佼者。

有共识的团队目标，可以发挥成员内在的潜能，激发每个人自动自发的工作意愿。善用它将是成功的保证。优秀的管理者常常把团队目标转化为团队成员个人努力的方向。而团队目标一旦被转化为个人努力的方向，就会对团队成员产生长久的激励，使其积极努力，迸发出无限的创造力。

每个团队都应该有一个既定的目标，为团队成员导航，知道要向何处去，没有目标这个团队就没有存在的价值。如果管理者妥善运用目标体系管理，激励成员发挥个人斗志及理想，协助成员全力达成目标，通过团队目标整合团队的精神，使团队目标与个人的关系更加密切，必可建立优质、有活力的团队。

职场会议，如何主持与控场

无论你是政府职员还是公司白领，无论你是高层领导还是一般员工，"开会"已经成为职场人士最为熟悉的一种工作方式。但随着社会的不断发展进步，开会的形式和方法也发生了巨大的转变，所以，我们也应该与时俱进，不断学习和掌握一些新的开会理念和方法，有效地解决工作中遇到的各种问题，以便取得更好的会议效果。

会议是沟通协调的一个重要手段，也是公开表达意见的场所，通过参加会议能听取众人的意见及获得需要的资讯。召开会议，是为着一定的目的，有组织地商量议事、解决问题。这是一个互相交流、沟通的过程。有的人认为，会议只不过是一种形式而已，主持会议很容易。其实，这是一种误解。要真正主持好会议，充分调动与会者的积极性，达到预期效果，需要把握好会议的每一个细节和环节。所以，对任何一名主持者来讲，不断研究和提高主持会议的语言艺术，树立一个特定的语言形象是十分必要的。

会议主持者的能力决定了会议的成败。会议主持者起到引领、控制、达成决议的重要作用。在具体主持会议时，不可能也没有必要对每一个会议中主持者该做什么、该说什么都提供一个现成的答案。这些只能靠会议主持者灵活把握和运用。但是，这不等于说没有规律可循。有一些基本要求是主持会议时必须遵守的。

1. 整理好会议的主题

无论开什么样的会议，都必须事先拟定好一项或几项议题，这是会议的目的、核心和灵魂。会议主持人是会议的"舵手"，要随时把握、驾驭好会议之舟，层次要清晰，逻辑要严密，表达要准确，中心要突出。切不可主次不分，轻重不分，内容庞杂，使听者不知所云，无所遵循。

2. 会议讲话应准确生动

会议主持者置身于一个同与会者面对面的语言表达环境，并且除传达文件外，通常不易用书面文稿照本宣科。因此，如果说得不分场合，不合身份，或政策精神把握不准，就会言不达意。如实地、恰如其分地反映客观事物的实际情况，真正用简洁精练的语言，给人以启迪，给人以鼓舞。

3. 会议讲话要通俗易懂

参加会议的人员，不可能都是一个知识层次，会议主持人不能不看对象，不管效果，在讲话中大谈艰深难懂的东西，即使是政策性、专业性、学术性较强的会议，主持人也要用朴实无华、浅显易懂的语言来表达深刻的内容，把深奥的道理浅显化。通俗易懂的语言不但让人听得不吃力，还会给人一种亲切朴实、平易近人的感觉，能缩短主持者同与会者的距离。

4. 经常进行简短概括

简短概括如同在比赛场上翻动记分牌，能让与会者或受到会议的节奏。同时也有助于澄清分歧点，引起与会者注意。主持人的简短概括应限制在半分钟内。及时地概括、评论是占一些时间，但不会影响会议进程，相反，通过简短概括，你为与会者树立了一个珍惜时间的榜样。你在直接推动讨论向制定正确的解决方案挺进。

5. 强调合作

与会者大都有自己的态度和观点，这很自然。他们甚至知道有人持反对态度，这也没有什么关系。主持人要领导与会者共同合作，要讲明解决问题需要与会者共同的智慧和决策，会场不是发泄个人恩怨的地方，也不是进行生死搏斗的战场，谁也不应当一意孤行。应当把个人当作决策机构中的普通一员，主持人应利用各种机会指出集体智慧大于个人智慧，方案的产生离不开合作。

6. 善于调动听众情绪

针对不同的会议，把听众的情绪鼓动起来，刺激听众的兴奋点和注意力，是主持者主持会议过程中充分发挥控场能力的一个重要课题。要因会制宜，在语言的运用上赋予不同的感情色彩。譬如在庄严的会议上，语言应注意严肃性、规范性；在欢庆会上，语言则应热烈喜庆；在工作部署会上，语言应清晰、准确、明快，而动员、誓师会上，语言就必须富有鼓动性，以提高人们的决心与信心、干劲和勇气。不同的语言，应和不同的会议、不同的气氛相配合、相一致。

7. 善于打破会议上的冷场

在主持会议的时候，能顺利打开局面，打破会场上的沉默，引导会议朝预想的方向发展，这是与主持会议者认识水平和良好的思维能力密不可分的。主持者的水平并不仅仅体现在以个人的权威和将自己的意图强加于人，虽然要有"唯我独尊"的威仪，但在方法上要注意灵活多变。在会议上要善于提问，积极引导，使会场上呈现一种生动活泼、毫不拘谨的局面，才有可能从各种不同角度、不同侧面发现问题、提出问题、分析问题、解决问题。

8. 做好会议的总结工作

会议总结是会议主持者对会议情况的归纳性陈述，是主持者对会议的画龙点睛之笔，关系到会议能否开得圆满成功，关系到会议质量的高低。主持者作会议总结发言，应尊重事实，一分为二，既充分肯定成绩，又指出不足之处，尤其要对今后努力的方向和奋斗目标予以强调。总结应力求客观、符合实际。不要言过其实，随意夸大。对会议的总结，在看到成绩的同时，也要及时、客观地指出存在的问题，提出今后需要努力的方面。会议的总结，往往能起到提醒、强化人们意识的积极作用，所以主持者一定要加以重视。

6 控场与销售

轻松几招搞定你的客户

销售，不只是单纯的卖东西，影响力才是其中的点金石。所以，销售的过程就是说服他人、影响他人、打动他人的过程，你必须有一定的意识与技能，才算真正理解了销售，理解了控场的真谛！

用数字说话，让客户产生信任感

在销售过程中，销售员经常遇到这样的问题：为什么我已经把产品的基本信息传递给了客户，客户却迟迟不给我消息？我的信息没有丝毫的虚伪和夸张，客户为什么对我的产品不感兴趣？面对这样的疑虑，别说销售员很困惑，就是让客户自己回答，恐怕都很难说出个一二。这个时候就需要销售员用一组数据说明产品，才能够打消客户的疑虑，增加客户的依赖。

亨利是一位烹调器销售员，他推销的烹调器每套价格是 395 美元。一次，亨利到一个城镇推销，把镇上的人叫到一块，一边示范这套烹调器，一边强调它能节省燃料费用，并把烹调好的食品散发给人们，请大家品尝。这时，一位当地有名的守财奴，一边吃着亨利烹调的食品，一边说："他的产品再好我也不会买的。"

第二天，亨利首先来敲这位老顽固的门。顾客一见到亨利就说："见到你很高兴，但你与我都知道，我不会购买 400 美元一套的锅。"

亨利看看顾客，从身上掏出 1 张 1 美元，把它撕碎扔掉，问顾客："你心疼不心疼？"顾客对亨利的做法感到吃惊，但却说："我不心疼，你撕的是你的钱，如果你愿意，你尽管撕吧！"

亨利说："我撕的不是我的钱，我撕的是你的钱。"

顾客一听感到很奇怪："你撕的怎么是我的钱呢？"

亨利说："你已结婚 23 年，对吧？"

"是的"，顾客回答道。

"不说 23 年，就算 20 年吧。一年 365 天，按 360 天计，使用我们的烹调器烧煮食物，每天可节省 1 美元，360 天就能节省 360 美元。这就是说，在过去的 20 年内，你没有使用烹调器，就浪费了 7200 美元，不就等于白白撕掉 7200 美元吗？"

接着，亨利盯着顾客眼睛，一字一句说："难道今后 20 年，你还要继续再撕掉 7200 美元吗？"

亨利把产品带给顾客的利益由抽象变为具体，把"节省"变成一个实实在在的数字，这些数字令他的推销取得了成功。因为很少顾客会对 7200 美元不动心的。

用数字说话，既显得专业，又能给人以信任感。数字是一种语言符号，一种语言信息。数字能给人一种真实、具体的感觉，让对方在脑海里形成清晰的图像。在说服过程中能巧妙地运用数字，将会取得事半功倍的效果。所以很多深谙控场技巧的人在关键时刻，尤其是正规的商业场合都会借助数字来说话。

在美国，提供各种数字的"市场调查"公司，便有 350 家之多，而且，有 1006 家大的工商企业，其本身便设有调查部门。在讲话中使用数字，可以将讲话内容变得更加丰富具体，使用翔实的数字、数据可以让你所说的话显得更加真实，更加有说服力。内容明确、具体、实在，才能让别人感兴趣。如果只是笼统地介绍，往往会让人觉得不可信赖。

有那么几年，全世界各地，飞机经常失事，对经常外出旅行讲学者来说，感到恐惧万分。

有天在航空公司买机票时，有人开玩笑地向一位职员说："这样常常失事，有天给我碰上了，可就糟了，我看我还是自己开车子，长征讲学吧！"

这位职员不以为然地说："先生，因为飞机失事是件太严重、太不寻常的事，所以难得一次便惊坏了旅客。其实，飞机出事的比率，比起中奖券还要困难得多，简直百万分之一都不到。"

"奖券也期期有中呀！难道飞机失事也班班有？"

"不可能，不可能，飞机引擎头几年，故障的概率更是相对地减少，正确地说，飞机失事比率十亿分之一都不到。"他充满自信地解释。

这位职员这样一说明，用数字一比方，乘客镇定了，不安全感一扫而空，这乃是"数字"的魔术。

用数字来支持你的观点，你将更有说服力。虽然数字是枯燥无味的，但有经验的说话人却知道，数字自有一种非凡的力量，如果能巧妙地加以利用，就能发挥出意想不到的作用。

数字的说服力是很惊人的。如果你想自己的话有说服力，必须列出具体数据，仅有漂亮的外表而无内容的话是不会吸引人的，马克思说过："一种科学只有在成功地运用数学时，才算达到真正完善的地步。"说话时，借助数字和数学方法对客观事物进行精确计算和定量分析，有助于人们准确地掌握情况，进一步加深理解。因此我们应学会用数字说话。

销售员在运用精确数据说明问题、企图让数据更有说服力的时候，有下列几点能够参考。

1. 保证数据的真实性和准确性

销售员运用精确数据说明问题的目的就是要引起客户的重视并增强客户对产品的信赖，如果使用的数据本身不够真实和准确，那就会失去其原本意义。况且，一旦客户发现这些数据是虚假或错误的，他们就有充分的理由认为销售人员及其所代表的企业在欺骗和愚弄消费者。这种印象一旦产生，会迅速地给销售人员及企业带来极为不利的影响。

2. 权威机构证明产品

权威机构已经在客户的心里留下了根深蒂固的印象，因此用权威机构来证明产品更有影响力。因为权威机构是某一领域的具有威信的部门，所以他们做出的证明或承诺是经得起客户考验的。如果客户对产品的质量或其他问题存有疑虑，销售人员可以利用这种方式来打消客户的疑虑。比如：

"本产品经过××协会的严格认证，在经过了连续×个月的调查之后，××协会证明本产品是完全经得起市场检验的。"

3. 名人效应也能说明问题

销售人员总希望自己的产品能够给客户留下很深刻的印象，在列举了大量的数据后，销售人员可以借助那些影响力较大的人物或事件来加以说明，用此来增加客户对你的成交量。

倾听是一种无言的说服

一说起销售员，许多人的第一印象就是"滔滔不绝的口才"，那么，销售员这种"滔滔不绝"真的能为他们带来业绩吗？

在美国，曾有科学家对一批保险销售员进行过研究。因为这批销售员受过同样的培训，业绩却差异很大。科学家取其中业绩最好的 10％和最差的 10％做对照，研究他们每次推销时自己开口讲多长时间的话。

研究结果很有意思：业绩最差的那一部分，每次推销时说的话累计为 30 分钟；业绩最好的 10％，每次累计只有 12 分钟。

为什么只说 12 分钟的销售员业绩反而高呢？看看下面这个案例，或许你就会找到答案。

有一位汽车销售员，口才极佳，他向某商人推销汽车时，先是把自己公司的车吹嘘得多么好，多么适合商人的风格，然后是从发动机的性能到家庭的实用性，从它的解装到所有一系列设备，用专业术语把商人说得云里雾里的，商人听完只是冷冷地说："对不起，我不需要。"好在这位销售员没有放弃，费了九牛二虎之力才终于让商人买了一辆车。

过后不久，又一位销售员到商人处去推销汽车。一见面，照例先递上名片："我是某某汽车销售员，我……"刚说几个字，就被这位商人以十分严厉的口吻打断，并开始抱怨先前买车过程中的种种不悦，包括报价不实、内装及配备不对、交车等待过久、服务态度不佳，等等，结果这位新入行的销售员被他吓得一句话也不敢说，只是谦恭地听他抱怨。

这位商人把之前所有的怨气一股脑儿吐完，稍微喘息了一下，才发觉这个销售员好像不是以前的那位，于是便有点不好意思地对他说："年轻人，你贵姓啊，现在有没有好一点的车种，拿份目录来看看吧！" 30 分钟后，这个销售员欢天喜地地握着两台车子的订单离开了。

第一位销售员口才不可谓不好，却费了九牛二虎之力才拿下一台车子的订单，而第二位销售员基本没说什么话，却轻松地签下两台车子的订单，其中原因，商人的抱怨基本上已说明了问题：第一位销售员的极佳的口才在商人看来却像一只聒噪的乌鸦，不但丝毫没有说明问题，而且让客户感到被说教，进而产生反感，影响推销效果。后一位销售员没有为自己辩解，更没有与客户争吵，而是用自己的谦恭与沉默换得客户的认同，面对这么老实而有诚意的销售员，感觉受到尊重的客户当然对他大开绿灯。

看来，对于销售员来说，"口才"固然是成功的一项资本，但千万不要因此忽略了客户的心理感受和反应，不然，这种无视客户的行为只能为其带来失望的结果。倾听也是一门艺术，你只有掌握了倾听的技巧，才能打动客户。

当客户向你发表一些自己的观点时，如果你只是毫无表情地缄默，或者心不在焉，那就会令顾客感到非常尴尬。相反，如果你能够表现出时刻都在耐心倾听对方的谈话，就能够在无形中满足对方的自尊心，并有助于加深彼此间的感情，为销售的成功创造和谐融洽的环境和气氛。

乔基姆是位成功的汽车销售员，在谈起自己的推销经历时，他对有一次因为自己没有用心倾听客户从而丢掉了订单的经历记忆尤深。

当时是星期二上午，店里门可罗雀，冷冷清清，许久都没有进来过一个客户了。就在店里的销售员们都百无聊赖之际，从门外走进来了一个穿着讲究的中年男人。他走进来后，大声地对大家说，他是来这里看车的。看到有客户上门来了，乔基姆马上主动而热情地向这位客户推荐了一款最新上市的车。客户在详细询问和亲身触摸检查了新车之后，对这辆车相当满意。看完之后，客户爽快地答应乔基姆，说马上会交付 2 万美元的订金，并决定下午来提车。

没想到，10 分钟之后，客户没有交订金，原来他突然变卦了。他告诉乔基姆，自己决定不买这辆车了！

乔基姆对此思前想后，却百思不得其解。他无论如何也想不起来自己到底错在哪儿了，直到了当天晚上 11 点了，他还在想着这件事情，被它困扰不已。最后，乔基姆实在是忍不住了，便冒昧地拨通了那个客户的电话："先生，您好！我是××汽车公司的销售员乔基姆，今天上午我为您服务过，曾经向您介绍过一款新车，当时你已经看中了它并准备交付订金了，后来却为什么突然不要了呢？"

"喂，你有没有搞错啊，知道现在几点了吗？这么晚还打电话来！"

"很抱歉，我知道现在已经是晚上 11 点钟了，但是我检讨了一整天，实在想不出自己错在哪里了，因此特地给您打电话讨教一下。"

"原来如此！其实我放弃购买的真正原因是，当时你根本就没有用心地听我讲话。就在我准备去交订金之前，我提到了车的磨合期、车的耗油量、车的保修期，以及车辆在山路行驶性能等问题，然而你听了之后却毫无反应！所以，我凭这些感觉到你极其不尊重我，从而使我的自尊心受到了严重的伤害！"

乔基姆还是没太想起客户说的这些事，不过已经有些许印象了。只是因为他当时根本就没有注意去听客户说的这些，所以他才记得不太清楚了。然而，正是因为不注意倾听客户，令乔基姆失去了他当时认为已经是"煮熟了的鸭子"的订单。他现在想起来了，当时他确实没有用心倾听客户在说些什么，而是把真正的心思都放在了如何收取订金和办理手续上面。

乔基姆的失败在于没抓住客户的基本心理，他当时还不太明白，那人既然来买车，就肯定需要得到销售员的详尽推介，从而让自己能对车有一个全面的了解，他做到这一步，已经足够了。可惜由于乔基姆急于成交，没有注意倾听客户后来的那些问题，从而失去了客户对自己的信任和好感，最终失去了一次成交的机会。

作为销售员，我们在客户面前努力地推销自己的产品，这是对的。只是我们若想事半功倍，就必须要有耐心，懂得首先倾听客户的需求，然后再"对症下药"。

在推销过程中，要用心去倾听客户的话语，给客户足够的倾诉时间，时刻保持一种对他所说内容感兴趣的状态，这会让客户从心底里对你有一种认同感。如果你让客户高兴，他就会让你更高兴；如果你让客户的嘴巴舒服，他就会让你的钱包饱满。如果经常表现得对客户的话非常感兴趣，并总是乐意倾听，你将很快发现，订单会主动地来找你。

销售人员在运用倾听技巧时，要注意以下几点：

1. 倾听的专注性。销售人员要排除干扰，集中精力，以开放式的姿势，并认真思考，积极投入的方式倾听客户的陈述。

2. "听话听声，锣鼓听音"。销售人员要认真分析客户话语中所暗示的用意与观点，整理出关键点，听出客户感情色彩，以及他要从什么方面来给你施加混乱。

3. 注意隐蔽性话语。销售人员要特别注意客户的晦涩语言，模棱两可的语言，要记录下来，认真质询对方，观察伴随动作，也许是他故意用难懂的语言，转移你的视线与思路。

4. 同步性。当在倾听时，销售人员要以适宜的身体语言回应，适当提问，适时保持沉默，使谈话进行下去。

在销售过程中，销售人员最有效、最重要的沟通原则与技巧是成为一位好听众。如果销售人员能专注倾听客户说话，自然可以使客户在心理上得到极大满足与温馨，有利于促成销售成功。

运用心理战术，快速赢得客户

销售不仅是"嘴"上功夫，更是一种心与心的较量。要想提高销售业绩，销售人员就必须懂得一定的销售心理学，要能够在不知不觉间攻入客户的内心，疏通客户的心理，从而让客户满心欢喜地接受你的观点、意见、提议以及请求。这是控场术的精髓。

1. 巧用暗示

销售中巧用暗示，可以巧妙地避免客户直接拒绝，是销售进程中连攻带防的最佳策略。它既可以保持与客户建立的良好关系，又可以加快销售的进程。在开始同客户会面时，销售员就应留意向客户做些对商品的肯定暗示，从而使对方说不出拒绝的理由。

曾经有一位销售经理运用"暗示"推销法成功地使一位顾客高兴地买下了该公司销售的一台电冰箱。当他看到销售员和一位顾客在说话时，便走过去说："这台冰箱倒是很好，不是吗？"

"我看并不见得好。"那位妇女摇摇头回答。

"怎么，您认为这台冰箱不好，是吗？这冰箱的式样和性能是由全国一流的工程师联合研制成功的，不管从外观、容量和结构，还是从性能和效果方面来看，都是很好的，可是您认为这冰箱有哪些地方不协调呢？"

"这几点倒还可以，只是不应该把那个圆圆的东西装在顶上，那有多难看啊！"

"也许您说的有道理，同时，我的理解是，正是顶上那个圆盖子，才是我们这种冰箱的最大特色。现在市面上使用的那种冰箱，其马达都是安装在厨房的，很不方便，我们这种冰箱却可以将马达安装在圆顶上，方便之极。我想您是个大忙人，您当然想这台冰箱可以为您减少一些麻烦，节省一些时间，是吗？"

"说不定您买回去，邻家的太太见了一定羡慕不已，说您买了一台好冰箱呢！"

"如果您买一台普通的冰箱回去，邻居见了，也不觉得怎么新奇，也许看一下就忘掉了，不是吗？"

然后，这位销售经理又安排员工把冰箱搬出来。"太太，这台冰箱您是想把它放在家里的哪个位置呢？"

"太太，冰箱是您自己带回去，还是由我们给您送回去？我们免费送货，免费安装。这是送货单，请把地址和电话写好，我们下午送货。"就这样，那位太太在销售经理的暗示下签了字。

暗示是一种有效的销售手段。只要在交易一开始时，利用这种方式，提供一些暗示，顾客的心理就会变得更加积极，进而很热心地与你进行商谈，直到成交为止。

2. 设法让客户说"是"

尽量避免谈论让对方说"不"的问题，而在谈话之初，就要让他说出"是"。销售时，刚开始说的那几句话是很重要的。例如：

"有人在家吗？我是××汽车公司派来的。今天，我是为了轿车的事情前来拜访的……"

"轿车？对不起，现在手头紧得很，还不到买的时候。"

很显然，对方的答复是"不"。而一旦客户说出"不"后，要使他改为"是"就很困难了。

因此，在拜访客户之前，首先就要准备好让对方说"是"的话题。

例如，对方一出现在门口，你就递上名片，表明自己的身份，同时说："在拜访您之前，我已看过您的车了，这间车库好像刚建没多久嘛！"

只要你说的是事实，对方必然不会否认，而只要对方不否认，自然也就会说"是"了。

就这样，你已顺利地得到了对方的第一句"是"。这句话本身，虽然不具有太大意义，但却是左右销售进程的一个关键。

"那您一定知道，有车库比较容易保养车子喽！"

除非对方存心和你过意不去，否则他必然会同意你的看法。这么一来，你不就得到第二句"是"了吗？

如果对方真的要拒绝，那不仅仅是口头上的一声"不"，他所有的生理机能（分泌腺、肌肉等）也都会进入拒绝的状态。

然而，一句"是"却会使整个情况为之改观。

所以说，比"如何使对方的拒绝变为接受"更为重要的是，如何不使对方拒绝。

3. 引出客户的真心话

"考虑看看再说"也是客户经常使用的拒绝理由之一，话虽然说得婉转，但真正的想法可能是"我听腻了你那一套说辞，反正我又不打算买，随便敷衍一下，使一下缓兵之计"。在这种情况下，销售员倘若认为目前时机尚未成熟，真的请客户好好考虑一下，日后再来听取佳音，就未免太过"死板"了！要处理这种状况是有点棘手，因为客户说出这句话，多半是在销售员已经做了相当程度的说明后，就算勉强再运用其他拒绝语言处理，也不会有很好的效果。

销售员："可是您先前也说过孩子的教育费用……"

客户："所以我才说要再考虑一下！"

销售员："但是……"

客户："你实在很烦！让我多考虑一下不行吗？"

即使客户先前一直表示赞同，但是面临重要关头却又退缩时，重提此事只会增加客户的厌恶感觉。所以必须改变一下方式，从另一个角度去引出客户真正的想法，比如说"你是很想买，但是缴费负担太重"，若能让客户说出真心话，就有希望进一步去促成。

销售员要懂得调适自己的心态，要有"被拒绝是当然的事"的心理准备，不能恐惧被拒绝，畏怯地不敢开口，要坚强地面对客户拒绝，得出客户的真心话。

4. 找到情感的切入点

凡是销售活动，都是人与人的交往，而人又是最有感情的。美国推销大王乔·坎多尔福曾说过："推销工作 98％ 是感情工作，2％ 是对产品的了解。"乔·吉拉德也曾说："你真正地爱你的顾客，他也会真心爱你，爱你卖的东西。"因此，销售员在向客户销售商品的整个过程中，都可以充分利用情感这个有利因素。运用得好，可以拉近彼此的心理距离，顺利地销售商品。

一位卖宝石的销售人员看见一个正在犹豫不决的中年妇女站在柜台前，便迎上去说："很高兴你能光临这里，我很乐意为你服务，你用上这东西，一定会使你更美，而你先生也会更喜欢你。"

不等中年妇女开口，销售人员又说："你买了这东西，就是想脱手也能卖出高价钱，对你的家也是一种贡献嘛！"

中年妇女终于动了心，请销售人员拿出柜台里的宝石来挑选。

上面那位销售人员的成功就在于从顾客家的温馨和睦出发，并连带考虑到了增值的问题，俨然是一位老朋友在诚心诚意地为朋友着想，这种情感的注入是留住顾客的第一步。

情感与人的需要是紧密相连的。人的需要有多种多样，但哪一种都同情感有关。销售人员的销售策略符合客户的需要就会产生积极的情感，进而顺利地促成客户实施购买行为。

从某种角度上说，销售其实是一项情感性工作。因为销售的重点就是赋予产品生命力，让产品与客户建立情感联系，进而使客户爱上这个产品。所以说，情感就是销售过程中的催化剂。客户对产品的情感，源自顾客对产品的满意，要让顾客觉得满意，销售人员就要对顾客的持续不断地、细致入微地关心。

随机应变，冷静地应对突发事件

销售之前做好必要的准备，是销售高手的共性。但是，这也不等于一定要把销售过程想得越具体越好，并一定要按照计划执行。因为事物总是多变的。现场总会出现一些无法预料的情况。所以，一个优秀的销售人员还要学会随机应变的控场术。

在销售过程中，如果你遇到下面的情况，你怎么处理？

当你正在和一位新顾客洽谈生意，突然，一位老顾客打来了电话。他告诉你说，撤销以前答应你的购买许诺。显然，这时，你肯定有着双重的压力，既想跟老主顾挽回败局，又怕在新顾客那里泄露推销失利的信息。面对这种局面，如果你惊慌失措，或对着电话与老主顾大叫大嚷，斥责他言而无信，那就是太愚蠢了。结果只能是留不住老顾客，又赶跑了新顾客，鸡飞蛋打。

对于一个优秀的销售人员来说，他绝对不会这样做的。他肯定会客气地对老主顾说："这没关系，不过，我现在正在与一位朋友谈要紧事，我们明天见面再详细谈谈你看怎样？"这的确是一种理智而聪明的做法，我们称之为"应付周旋法"。这种做法的高明之处在于：左右逢源。一般情况下，老主顾听了这样的话后，是不会跟你在电话中继续纠缠下去的，他就会答应你的请求。这样一来，你就又有了一个跟他谈判，以期维持原有交易的机会；而另一方面，新顾客不仅会为你重视他而高兴，也会为你因他而拒绝一次约会而感到歉意，这非常有益于你与他达成交易，真是一箭三雕。而这就是随机应变的结果。

由此可见，在销售的过程中，懂得随机应变是非常重要的。

销售员在销售过程中会遇到千奇百怪的人和事，如拘泥于一般的原则不会变通，往往导致销售失败。所以，对于突发事件如何处理，直接关系到销售活动能否顺利地摆脱僵局，走出低谷。在突发的事情面前，销售人员要沉着处理，避开和化解不利因素，抓住有利因素，使意外事件不影响成交，甚至能促成交易。

有一个销售员向一大群客户推销一种钢化玻璃酒杯，在他进行完商品说明之后，他就向客户做商品演示——把一只钢化玻璃酒杯扔在地上而不会被摔碎。但是碰巧的是，他正好拿了一只质量不过关的杯子，猛地一扔，酒杯被摔碎了。

对于这类事情，在他以往推销酒杯的过程中从来没有发生过，这大大出乎他的意料，他也感到十分吃惊。而客户呢，更是目瞪口呆，因为他们原先已非常相信了这位销售员的推销说明，只不过想亲眼看看得到一个证明罢了，结果却出现了这样尴尬的局面。

此时，如果销售人员也不知所措，没了主意，让这种沉默继续下去，不到3秒钟，准会有客户拂袖而去，交易也会因此遭到惨败。但是这位销售人员却灵机一动，说了一句话，不仅引得哄堂大笑，化解了尴尬的局面，而且更加博得了客户的信任，交易大获全胜。

那么，这位销售员说了一句什么话呢？

原来，当他把杯子摔碎后，他并没有流露出丝毫惊慌的情绪，反而对客户们笑了笑，然后沉着而富有幽默地说："你们看，像这样的杯子，我就不会卖给你们的。"大家一起禁不住大笑起来，气氛一下子变得活跃，紧接着，这个销售员又接连扔了5只杯子都成功了，赢得了大家的信任，很快推销出几十打酒杯。

在销售过程中，销售人员总会遇到千变万化的情况，这就要求销售员要沉着冷静、机智灵活地逐一处理，把不利的突发因素消解，甚至化为有利的因素，同时又绝不放过任何一个有利的突发因素为自己的销售增加砝码。

及时消除顾客异议，占据销售主动权

客户异议是销售人员在销售过程中导致客户不赞同、提出质疑或拒绝的言行。在日常销售中曾遇见过的拒绝和异议并不代表客户对产品和服务不感兴趣，不愿意购买你的产品。异议的功能在于表明客户还存在着顾虑和问题没有解决，不代表客户不愿意接受公司的产品。客户提出异议是一种完全正常的行为，因为客户在选择产品时要面临各种风险，为了追求利润最大化，必须关注有关产品的各种问题，只有顾虑和疑问消除之后才能决策；反之，如果客户没有任何异议，这反而是一种不正常的行为。无疑，顾客的异议是销售过程的障碍，但这也是顾客的权利。你若想成功地销售你的产品，就必须做好应付和消除顾客异议的准备。

某商场负责采购的经理在采购某厂家的一批洗发水时，由于想在价格上争取到最低折扣，因此他就挖空心思地去找毛病。并且，在抽样中，还真的发现了一瓶分量不足的产品，于是便趁机以此为理由，采取不依不饶的态度，坚决地讨价还价。

不料，厂家派来的销售员经验非常丰富，他很平静地回答了这位经理："经理，你知道美国有一个专门生产军用降落伞的工厂吗？其产品的不合格率为万分之一。当我们听到这个数字时会不会为他的高质量感到惊讶呢？尽管不合格率很低，尽管质量已经非常好，但同样意味着，在一万名士兵中就会有一名士兵因降落伞的质量问题而牺牲，无论是落到谁的头上，都是残忍的。当然，拿士兵的生命开玩笑是他们不能容忍的，同样军方也是不能容忍的。于是，他们在每次进行抽检产品时，就会让工厂的主要负责人亲自跳伞做试验，从那以后，产品的合格率全为百分之百。同样的道理，如果你们提货后，能将那瓶分量不足的洗发水赠送给我的话，我将会和公司的相关负责人一起分享。这可是我公司成立15年以来，首次使用免费产品的好机会啊!"

这位销售员的回答非常有水准。首先,他讲了一个故事,通过这个有一定幽默性的故事来缓和一下僵持的气氛,并以此来减少客户的烦躁心理。然后,在后面的解说中,销售员阐述了拒绝的理由,即在合格率上告诉客户,这份不合格产品存在的合理性,从而让那位采购经理无话可说。

在销售洽谈过程中,顾客往往会提出各种各样的异议,并且这些异议自始至终地存在于销售过程中。这既是整个销售过程中的一种正常现象,也是使销售走向成功时必须跨越的障碍。从这个意义上说,每当遇到顾客异议,才算整个销售工作的真正开始。因此,正确对待并妥善处理顾客所提出的有关异议,是现代销售人员必须具备的能力。销售人员只有正确分析顾客异议的类型和产生的原因,并针对不同类型的异议,采取不同的策略,妥善加以处理,才能消除异议,促成交易。

一个销售员要想获得成功,必须正确对待和处理顾客的异议,在处理异议时至少要遵循以下几个原则。

1. 事前做好准备

"不打无准备之仗"是销售人员战胜客户异议应遵循的一个基本原则。销售人员在走出公司大门之前就要将客户可能会提出的各种异议列出来,然后考虑一个完善的答复。面对客户的异议,做一些事前准备可以做到心中有数、从容应对,反之,则可能惊慌失措、不知所措,或不能给客户一个圆满的答复以说服客户。国外(尤其是美国和加拿大)的许多企业经常组织一些专家来收集客户的异议,制订标准应答用语,并要求销售人员牢记、运用。在实践中,编制标准应答用语是一种较有效的方法,具体程序如下:

步骤1:把大家每天遇到的客户异议写下来。

步骤2:做分类统计,依照出现频率排序,出现频率最高的异议排在最前面。

步骤 3：以集体讨论方式编制适当的应答用语，并编写、整理成文。

步骤 4：请大家熟记在心。

步骤 5：由老销售人员扮演客户，大家轮流练习标准应答用语。

步骤 6：对在练习过程中发现的不足，通过讨论进行修改和完善。

步骤 7：对修改过的应答用语进行再练习，并最后定稿备用。最好是印成小册子发给大家，以供随时翻阅，达到运用自如、脱口而出的程度。

2. 要听顾客讲完

当顾客不断地提出异议，其实就为你提供了说服顾客的资料。让对方说出她想要说的话，等她把心中所想的全部显露出来，丧失提出问题的资料时，以后就会按照我方的意愿进行，而成功地卖出适合顾客需要的产品。如果顾客说了几句，销售员就还以一大堆反驳的话，不仅打断了顾客的讲话而使他感到生气，而且还会向对方透露出许多情报，当对方掌握了这些信息后，销售员就处在不利的地位，顾客便会想出许多拒绝购买的理由。结果当然就不可能达成交易。

3. 选择适当时机

美国某权威机构通过对几千名销售人员的研究发现，优秀销售人员所遇到的客户严重反对的机会只是普通销售人员的十分之一，主要原因在于：优秀的销售人员对客户的异议不仅能给予一个比较圆满的答复，而且能选择恰当的时机进行答复。可以说，懂得在何时回答客户异议的销售人员会取得更大的成绩，销售人员对客户异议答复的时机选择有四种情况：

（1）在客户异议尚未提出时解答。防患于未然是消除客户异议的最好方法，销售人员觉察到客户会提出某种异议，最好在客户提出之前就主动提出并给予解释，这样可使销售人员争取主动，做到先发制人，避免因纠正客户看法或反驳客户的意见而引起不快。销售人员完全有可能预先揣摩客户异议并抢先处理，因为客户异议的发生有一定的规律性，如销售人员谈论产品的优点时，客户很可能会从最差的方面去琢磨问题；有时，客户没有提出异议，但其表情、动作及措辞和声调却可能有所流露，销售人员觉察到这种变化时可以抢先解答。

（2）在异议提出后立即回答。绝大多数异议需要立即回答，这样，既可以促使客户购买，又表示对客户的尊重。

（3）过一段时间再回答。以下异议需要销售人员暂时保持沉默：当异议显得模棱两可、含糊其词、让人费解时；当异议显然站不住脚、不攻自破时；当异议不是三言两语就可以辩解得了时；当异议超过了销售人员的能力水平时；当异议涉及较深的专业知识，不易为客户马上理解时……急于回答客户的此类异议是不明智的。经验表明：与其仓促答错十题，不如从容答对一题。

（4）不回答。许多异议不需要回答，如无法回答的奇谈怪论、容易造成争论的话题、废话、可一笑置之的戏言、异议具有不可辩驳的正确性、明知故问的发难等。销售人员可以采取以下处理技巧：沉默；装作没听见，按自己的思路说下去；答非所问，悄悄扭转对方的话题；插科打诨幽默一番，最后不了了之。

4. 不要跟顾客争论

顾客提出异议，意味着他表示需要更多的信息。一旦与顾客发生争论，拿出各种各样的理由来压服顾客时，销售员即使在争论中取胜，然而却彻底失去了成交的机会。

销售员在遇到异议时，还必须把顾客和他们的异议分开。也就是说，要把顾客自身同他们提出的每一个异议区别开来。这样，你在突破异议时才不会伤害到顾客本身。要理解顾客提出异议时的心理，要注意保护顾客的自尊心。如果你说他们的异议不明智、没道理，那么你就是在打击对方的情绪，伤害他们的自尊心，尽管你在逻辑的战斗中取胜，但你在感情的战斗中却失败了，你不可能获得成功。

5. 引导顾客回答他们自己的异议

成功的销售员总是诱使顾客回答他们自己的异议。有一句销售格言："如果你说出来，他们会怀疑；如果他们说出来，那就是真的。"顾客提出异议，说明在他们的内心深处想进展，只要引导他们如何进展就行了。只要你在这方面努力，给顾客时间，引导他们，大多数顾客会回答他们自己的异议的。

有效的提问，牵着客户的鼻子走

销售行为的成功，很大程度上依赖于销售人员对客户的了解程度。因此向客户提问的过程是销售人员获取价值信息的重要过程。提问，就是发现问题、解决问题的最好方式。学会提问，善于提问，便是成功销售的又一技巧。

提问不仅是一种弄清所谈论话题的最佳方式，而且也是一种确认谈话双方都能理解彼此看法、期望与需要的最佳方式。谁能打开客户购买决策的黑箱子，谁能最有效地进行销售，倾听与询问是打开客户内心黑箱子的两把钥匙，以下是关于服装销售的一个案例，也许会给你带来一些启发。

销售员："王先生，您穿多大码的西装？"

……

销售员："王先生，想必您一定知道，以您的身材想挑一件合身的衣服，恐怕不容易，起码衣服的腰围就要做一些修改。请问您所穿的西装都是在哪儿买的？"

（销售员强调市面上的成衣很少有买来不修改就适合王先生穿的。他还向王先生询问所穿的西装是在哪一家买的，借此，了解他的竞争对手是谁。）

王先生："近几年来，我所穿西服都是向观奇洋服买的。"

销售员："观奇洋服的信誉不错。"

王先生："我很喜欢这家公司。但是，销售员，正像您说的，我实在很难抽出时间挑选适合我穿的衣服。"

销售员："其实，许多人都有这种烦恼。要挑选一套自己喜欢，适合自己身材的衣服比较难。再说，到处逛商店去挑选衣服也是件累人的事。本公司有 500 多种布料和式样供您选择。我会根据您的喜好，挑出几种料子供您选择。"

（销售员强调，买成衣不如定做的好。）

销售员："您穿的衣服都是以什么价钱买的？"

（销售员觉得现在该是提价钱的时候了。）

王先生："一般都是 2500 元左右。您卖的西服多少钱？"

销售员："从 1500 到 4000 元都有。这其中有您所希望的价位。"

（销售员说出产品的价位，但只点到为止，没有做进一步说明。）

销售员："我能给客户带来许多方便。他们不出门能就买到所需的衣服。我一年访问客户两次，了解他们有什么需要或困难。客户也可以随时找到我。"

（销售员强调他能为客户解决烦恼，带来方便。销售员的客户多是企业的高级主管，他们主要关心方便。）

销售员："王先生，您很清楚，现在一般人如果受到良好的服务，会令他受宠若惊，他会认为服务的背后是否隐藏着什么其他条件。这真是一个可叹的事。我服务客户很彻底，彻底到使客户不好意思找其他的厂商，而这也是我殷勤服务客户的目的。王先生，您同意我的看法吗？"

（销售员强调"服务"，因为，他相信几乎每一位企业的高级主管都很强调"服务"。所以，销售员在谈话末了以"您同意我的看法吗"这句话来引导王先生的回答，销售员有把握让王先生做出肯定的回答。）

王先生："当然，我同意您的看法。我最喜欢具有良好服务的厂商。但现在这种有良好服务的厂商越来越少了。"

（销售员觉得王先生的想法逐渐和自己的想法一致。）

销售员："提到服务，本公司有一套很好的服务计划。假如您的衣服有了破损、烧坏的情形，您只要打电话，我立即上门服务。"

（由于王先生重视服务，所以销售员向王先生提起公司有一套很好的服务计划，能解决王先生的烦恼。）

王先生："是啊，我有一件海蓝色西装，是几年前买的，我很喜欢，但现在搁在家里一直没有穿。因为近几年我的体重逐年减轻，这套西装穿起来就有点肥。我想把这套西装修改得小一点。"

（销售员记住了王先生的话：王先生有一套海蓝色的西装需要修改。）

销售员："王先生，我希望您给我业务上的支持。我将提供您需要的一切服务。我希望在生意上跟您保持长久的往来，永远替您服务。"

上面这段交流提示了有效的销售要求在销售员与客户两方面之间的信息流动。为满足客户的需求，销售员必须提问并能仔细倾听客户的回答及评论。有效的提问是建立同客户和谐关系过程中最重要的一个步骤。

销售员通过巧妙的提问，就能使客户说出他们对购买销售员销售的产品或服务犹豫不决的真正原因是什么，以及他们最大的顾忌又是什么。一旦客户向销售员敞开心扉，说出自己的顾忌，销售员也就真正了解了客户拒绝购买的潜在原因，也就知道该如何妥善解决这些问题。

提问与销售过程的每个阶段都有着密切的关系：在早期的开发

客户阶段，提问可以帮助我们识别客户；在激发客户需求阶段，明确客户的问题和清楚展示你的产品或服务怎样以更节约成本的方式帮助客户解决问题，提问简直就是核心；在后期促成客户成交并采取行动阶段，同样离不开提问。所以，销售人员必须要掌握有效提问的方式方法。

下面的内容归纳和总结了一些方式：

1. 开放式的提问技巧

开放式的提问技巧是指发问者提出一个问题后，回答者围绕这个问题要告诉发问者许多信息，不能简单以"是"或者"不是"来回答发问者的问题。

销售人员要想从顾客那里获得较多信息，就需要采取开放式问法，使顾客对拟订问题有所思考，然后告诉你相关的信息。

例如，销售人员可以这样来询问顾客："您认为我们的产品怎么样？"、"您对我们的服务有什么看法？"以开放式问法询问顾客，并且耐心地等待，在顾客说话之前不要插话，或者说出鼓励顾客的话，使顾客大胆地告诉你有关信息，收效会很好。顾客对于开放式的提问也是乐于接受的。他们能认真思考问题，告诉你一些有价值的信息。甚至顾客还会对你的销售工作提出一些建议，这将有利于你更好地进行销售工作。

2. 证明式的提问技巧

有时顾客可能会不假思索地拒绝购买。销售人员应事先考虑到这种情况并相应提出某些问题，促使顾客做出相反的回答。比如："你们的冷却系统是全自动的吗？""您的仓库很大吗？"

顾客对这些问题做出否定回答，就等于承认自己有某些需求，而这种需求可能需要销售人员来帮助解决。

3. 选择式的提问技巧

选择式提问技巧是指提问者的问题之中，含有两个或两个以上的选项，回答者必须从这些选择中挑选出一个作为回答。有时候选择式问法含有强迫的性质，回答者必须选出一个作为答案。例如，销售人员问顾客"您是买一个还是两个？"的问法就比"您要买一个吗？"的效果好得多。

假如顾客根本不想买，这样的选择问句常常也可以促使顾客购买你的一种产品。

4. 求索式的提问技巧

这种问法旨在了解顾客的态度，确认他的需要。

如："您的看法呢？""您是怎么想的呢？"

通过向顾客提问，可以很快探明顾客是否有购买意图以及他对产品所持有的态度。

5. 封闭式的提问技巧

封闭式问法是指回答者在回答问题时，用"是"或者"不是"就能使发问者了解你的看法。

销售员以封闭式问法可以控制谈话的主动权。如果你提出的问题都使顾客以"是"或者"不是"来回答，你就可以控制谈话的主题，将主题转移到和推销产品有关的范围里来，而不至于把话题扯远，同时，销售员为了节约时间，使顾客做出简短而直截了当的回答，也可以采用封闭式问法。

一般说来，销售员在进行推销工作时，不宜采用封闭式问法。采用封闭式问法的销售员虽然掌握了谈话的主动权，但是并不了解顾客是否对谈话的主题感兴趣，因而不可能从顾客那里得到太多的信息。如果确定已经了解顾客的需要以及他的兴趣，那么就可以采用封闭式问法获得直截了当的答案，提高推销效率。

客户对什么感兴趣，你就谈什么

销售中，我们怎样做才最能打动客户的心呢？最佳的方法莫过于投其所好了。谈论对方感兴趣的事物，他会认为我们是一个善解人意的人，从而对我们产生好感。

婴儿用品销售员威尔，很想在一家大型商场里举办一次婴儿用品促销活动。然而，他已经提出拜访商场主管八次了，眼看着距离自己预期的活动时间已越来越近，但商场主管还是没有理会自己，并且拒绝见他。

万不得已之下，威尔只能寻求其他的接近商场主管的办法。经过多方打听，威尔得知这位主管是个超级篮球迷，并且还是凯尔特人队的忠实球迷。于是，威尔通过商场主管的秘书，递了一张纸条给主管："下周的比赛，肯定是马刺队大胜凯尔特人队。"

没承想，五分钟不到，商场主管就让秘书请他进其办公室。

威尔一进门，商场主管就对他嚷道："马刺队怎么可能会赢！我认为一定是凯尔特人队大胜马刺队。"

威尔听主管讲完后，才说出自己的见解，并且认为凯尔特人队下周肯定赢不了马刺队。

主管听得非常认真，兴致勃勃。这个时候，他们根本就没有谈促销的事情。在谈了两个多小时之后，威尔才起身告辞，并且拿出了一张门票递给主管说："票就在这里，抽个空，我们一起去看看这场比赛，看谁的预测准确，你认为意下如何？"

商场主管很高兴地收下了门票，并且还一个劲地坚持自己的判断肯定不会错。

临出门时，手上拿着威尔送的门票的商场主管忽然对威尔说："听说你准备在我的商场里举办婴儿用品促销活动？这样吧，我们一起好好策划策划。弄完了这事以后，我们再一起去看球赛，我要你和我亲眼目睹我的凯尔特人队是如何狂胜你的马刺队的！"

很快，这次的婴儿用品促销活动圆满举办。威尔和主管也成为了很要好的朋友。

一个人若想赢得他人的赞许，打动他人的心，最佳的方式是投其所好，即迎合他人的兴趣。这就要求我们必须首先了解他人。

了解他人，主要是了解对方的价值取向和兴趣点，就是了解对方对什么事情最关心、最有兴趣。一件事对某个人来说很重要，但对另一个人来说却未必重要，也许是小事一桩，甚至不值一提。如果你不了解对方的兴趣点，只顾自己自说自话，根本就引不起他的兴致，这就起不到沟通的作用。所以，你一定要了解他人的兴趣点，必须把对方认为重要的事情摆在如同他对你一样重要的位置。你关心他的兴趣所在，这体现出你对他的了解和理解。

有一次，爱德华·查利弗为了赞助一名童军参加在欧洲举办的世界童军大会，急需筹措一笔经费，于是就前往当时美国一家数一数二的大公司拜会其董事长，希望他能解囊相助。

在爱德华·查利弗拜会他之前，打听到他曾开过一张面额100万美金的支票，后来那张支票因故作废，他还特地将之装裱起来，挂在墙上作纪念。

所以当爱德华·查利弗一踏进他办公室之后，立即针对此事，要求参观一下他这张装裱起来的支票。爱德华·查利弗告诉他，自己从未见过任何人开过如此巨额的支票，很想见识一下，好回去说给小童军们听。董事长毫不犹豫地就答应了，并将当时开那张支票的情形，详细地讲给查利弗听。

查利弗开始并没有提起童军的事，更没提到筹措资金的事，他提到的是他知道对方一定很感兴趣的事。

"结果呢？说完那张支票的故事，未等我提及，他就主动问我今天来是为了什么事。于是我才一五一十地说明来意。出乎我意料，他不但答应了我的要求，而且还答应增加名额，赞助5个童军去参加童军大会，并要我亲自带队参加，他负责我们的全部开销。

另外，他还亲笔写了封推荐函，要求他在欧洲分公司的主管提供我们所需要的一切服务。"爱德华·查利弗说。

人际关系大师卡耐基在书中就写道："我们要对他人真诚地感兴趣，聆听对方的谈话，就对方的兴趣来谈论以及鼓励他人谈论他自己。"当我们对他人真诚地感兴趣的时候，自然而然就会去关注他的一举一动。那么他的每一个细节都有可能是我们与他交谈的切入点。

投其所好是销售的一个技巧。通过谈论对方感兴趣的话题，是为了与对方找到共同话题，为自己后来的销售做铺垫。只要双方有话可谈，再不失时机地进行适当的赞美，对方就会对你产生好感。

古人说："话不投机半句多。"只要抓住了对方的兴趣，投其所好，不仅不会"半句多"，而且会千句万句也嫌少，越谈越投机，越谈越相好。所以说，与客户沟通的诀窍就是：迎合客户的兴趣说话。每个人都有各自不同的兴趣与爱好，一旦你能找到其兴趣所在，并以此为突破口，那你的话就不愁说不到他的心坎上。

7 控场与谈判

巧词妙语，让对方无力反击

生活中，我们处处离不开谈判——小到与菜贩的讨价还价，大到国与国间的政治博弈，这些都属于谈判的范畴。如果你想在谈判中占据主动，争取到相关利益，那么你必须具备出色的谈判力，控制住谈判的场面。

知己知彼，掌握谈判的主动权

常言道：知己知彼，百战百胜。在谈判的所有准备工作中，最重要的一个步骤就是对对手的研究，这是一个知己知彼的过程。所以谈判人员要想在谈判中达到己方的目的，实现己方的利益，就必须在谈判之前做好充足的准备工作，对谈判的相关问题进行深入全面的调查和分析，为正式谈判阶段提供可靠有利的资料和要素。

日本某家株式会社拥有的农业加工机械是中国几家工厂急需的设备。

为了进口这些设备，中方某公司代表即与日本方面在上海举行谈判。按照规定，日本方面首先提出1000万日元的报价。中方主要谈判代表知道对方的报价大大超出了产品的实际价格，便回复说："根据我们对同类产品的了解，贵公司的报价只能是一种参考，很难作为谈判的基础。"日方代表似乎没有料到我方会马上判断出其价格的不确定性，有些措手不及，便答非所问地介绍产品的性能与质量，说明自己的产品如何如何地好，质量如何如何地高等等。

其实，我方对这类产品的性能、成本以及国际市场上的销售行情早就了如指掌。我方故意问道："不知贵国生产此种产品的公司有几家？贵公司的产品优于其他公司的依据是什么？"这貌似请教，实际上暗示出生产厂家并非只你一家，我们并非非买你的东西不可。

日方代表对中方代表的问话非常吃惊，日方代表不便回答也不能回答。

于是，日方代表借故离开谈判桌，另一位代表也装着找什么东西，低下头不言语。为了摆脱困境，日方主谈回到谈判桌前，假装询问他的助手："这个报价是什么时候定的啊？"其助手当即省悟过来，灵机一动说："哦，是以前定的。"

日方主谈于是对中方代表笑笑，忙做解释。当双方休会后，重又回到谈判桌前时，对方谎说经过与有关方面领导核实，同意削价100万日元。中方根据手中掌握的信息，并且以对方不经请示就可擅自降价10％的信息作为还价的依据，提出给价750万日元的要求。可是遭到日方坚决反对，谈判陷入僵局。

为了打开谈判局面，使日方接受中方的条件，中方代表郑重指出："这次引进设备，我们从几个厂家中选择了贵公司，这已经说明我们的诚意了。你们说价格太低，其实不然。此价虽比贵公司销往别国的价格低一点，但由于中日之间运费很低，所以总的利润并没有减少。更为重要的是现在还有其他国家的几个公司正等待着我方的邀请，希望和我们签订销售协议。"说完，中方代表将其他外商给中方的电传拿给日本人看。日方代表被中方所掌握的翔实的谈判信息及坦诚的态度所感动，他们觉得中方的还价，有理有力，无可挑剔，只好握手成交。

在中国代表同日本某株式会社的这场谈判中，中方代表之所以能够获得如此大的成功，跟他们掌握了大量的信息，并巧妙地利用这些信息为谈判服务是分不开的。

人们常说："如果准备不成功，那你就准备着失败吧！"谈判活动是智慧、策略和技巧的比拼，谈判人员只有在充分了解谈判对手的基础上才能更好地发挥自己的智慧，施展自己的谈判策略。谈判者只有掌握了及时、准确、全面的信息，摸清对方的底细，才能在扑朔迷离的谈判桌上掌握主动权。因此，在开始谈判前收集谈判对手的各项信息、摸清对方的底细对取得谈判的成功非常重要。这就要求谈判人员在谈判之前做好信息收集工作，尽量争取谈判中的主动权。

众所周知，美苏两国在二战之后长期的争霸战争中，采取的是一种既对抗又对话的外交态度，而谈判则成为两国最重要也最频繁的一种斗争方式。

1960年4月30日，美国飞行员鲍尔斯驾驶着一架U－2飞机进入苏联领土上空，奉命进行情报侦察活动，飞机被苏联导弹击中，而他本人也被苏军活捉。美方发现U－2飞机逾期未归，而驾驶员又下落不明，于是经总统艾森豪威尔下令，由美国中央情报局起草，由国家航空宇航局发布声明，宣称一架U－2气象侦察机的驾驶员在土耳其上空用无线电报告说：机上氧气出了麻烦，此后就失踪了。

苏联获此声明，马上予以反击。赫鲁晓夫在最高苏维埃会议上宣布U－2飞机已被苏联击落，并强烈抨击美国的侵略活动。但赫鲁晓夫在会议上并未提到驾驶员鲍尔斯的下落，这使美国又存侥幸心理，紧接着在当天下午发布第二个声明："一架在土耳其拉达纳的U－2气象飞机，由民航驾驶员驾驶，下落不明。赫鲁晓夫先生宣称一架美国飞机在苏联被击落，它可能就是那架飞机。"

当天晚上，在莫斯科埃塞俄比亚大使馆举行的酒会上，美国大使汤普森无意中从苏联副外长雅可布·马利克的口中探听到飞行员被活捉的消息，当他匆匆赶回使馆向美国发出紧急密电时，时间已比白宫发言人的声明晚了四分钟。

仅仅迟了四分钟，但这四分钟已足以改写了一页历史。在这场美苏之间关于"侵略问题"的争论中，赫鲁晓夫巧妙地打出了"鲍尔斯"这张王牌，对美国政府频频发出进攻，使得美国政府一步步陷入了僵局。

从这场由U－2飞机事件引起的外交危机中，信息情报起了举足轻重的作用。由此推而广之，谈判的较量，也必然是信息的较量。美国中央情报局和前苏联"克格勃"不惜花巨额资金，绞尽脑汁以获取对方情报，目的就在于能够在谈判中有的放矢，针锋相对。

凡事预则立，不预则废。谈判前做足充分的准备，可以让自己处于有利的处境，保证谈判顺利进行。所以，在谈判前，谈判人员要做足功课，好好收集谈判对手的相关资料和信息，摸清对方的脾气和个性，如谈判对手以往比较典型的谈判案例，对方的谈判风格、谈判中惯用的方法和策略、谈判人员的个人喜好等；而且还要在谈判过程中善于察言观色，及时捕捉对方的各种信息，包括神情、动作、心理等方面。通常情况下，谈判人员掌握的信息越丰富，就越有利于掌握谈判中的主动权。

值得注意的是，谈判人员搜集对方信息时要注意把握好时间。一般情况下，在谈判之前收集信息会比较轻松；而谈判开始后，对方的防备心理比较重。此时收集起来就相对困难些，但是却更加直观和有效。

谈判人员还要注意把握好收集信息的场合及形式。收集对方的信息不一定都在正式的谈判场合，有心的谈判人员会从一些特殊的场合或者别人无意的谈话中发现有效的信息。比如，私人宴会或其他聚会也是了解对方、收集信息的途径，而且在这种场合下对方一般不会有太大的防范心理，容易把自己的长处和短处都表现出来。

其实，在谈判中，对方的言谈举止也能透露出一些重要的信息，比如谈判对手的双手紧绞在一起，说明他此时心情紧张，不好决断；腰板挺直，腹部突出，说明他自信；摊开双手，表示真诚，心情比较放松；而低胸垂背，则反映了对方疲倦、失望等情绪；握手既轻且短，表示对方冷淡，等等。

另外，信息的收集形式也不拘泥于单一、直接的形式，我们既可以从图书馆查阅资料，从公开发表的刊物、互联网、媒体上搜集，也可以通过一些非正式渠道收集，如聚会、对方的主要竞争者以及其他第三方，等等。不管是通过什么方式，谈判人员都应该提前收集好谈判对手的资料和信息，真正做到"知己知彼，百战不殆"。

投石问路，打探对方真实意图

谈判中常运用提问技巧作为搞清对方真实需要、掌握对方心理状态、表达自己意见观点进而通过谈判解决问题的重要手段。发问是使自己"多听少说"的一种有效方法。"问"能引起他人注意的问题，促使谈判顺利进行；"问"能获取所需信息的问题，以此摸清对手底细；"问"能引起对方思考的问题，控制对方思考的方向；"问"能引导对方做出结论的问题，达到己方的目的。

有一家服装公司最近设计出了一套时髦的冬装。该产品款式新颖别致，适合各种消费阶层的需要。新产品一上市就十分地走俏，销路非常看好，顾客反馈的信息也相当理想。根据这一情况，该服装公司决定扩大生产量，投入大批量的生产，抓紧抢占冬季套装市场。这就需要购进一大批面料来生产这种款式的套装。由于面临的需求量相当大，在单位价格上很小的出入就可能造成一笔巨大的差额，公司当然要谨慎对待。

该公司需求大批量面料的消息很快不胫而走。在很短的时间内，就有本市和外地的好多家毛纺厂的推销员主动上门来进行销售谈判，都想和公司达成供货协议。由于公司对所需求面料的批量生产的成本和利润了解不多，因此对谈判价格也就没有把握。究竟选择哪一家作为合作伙伴，是个非常棘手和难以抉择的问题。这个时候，公司的高层决定采用投石问路的谈判策略，先打探一下各毛纺厂的报价和诚意，从中遴选出价格相对较低而信誉又能够得到保证的客户。

公司有意识地先派遣采购科的一般人员同前来洽谈业务的推销员进行接触，目的是能够得到一些对己方较为有利的重要情报。在初步的谈判过程中，谈判人员与推销员进行了详细的谈判，一方面尽可能多地了解对方的情况，如产品质量、生产规模、公司实力以及信誉等各方面的资料，另一方面却不进行最后的拍板，而是以"贵公司的情况和报价我已经清楚了，定当如实转告公司领导。只要质量可靠，价格方面在同类产品中相对合理，我想贵公司是会被考虑的"等作为回答。然后公司将各毛纺厂的情况进行比较和分析，从对方报价到该公司的生产规模、经济实力包括合作信誉等都进行了详细的论证和探讨，基本上掌握了各家公司的真实情况和各方面的具体差异以及优缺点，最后选中了其中的一家公司作为合作对象。双方决定举行正式的谈判。在谈判中，由于服装公司对所需求面料的各方面情况都有了初步的了解，一直掌控了谈判的主动权，在价格和对产品的要求上取得了很大的优势。经过双方进一步的谈判，最后达成了协议。服装公司因此买到了质量好、价格低的服装面料，取得了非常可观的经济效益。

服装公司成功选择出了合作厂家的例子，说明了在进行实质性谈判之前，买主采用投石问路的方法来确定最佳的谈判对手的必要性。在实际的谈判过程中，使用投石问路的方法和策略，能够探测谈判对手的谈判立场和态度，尤其在买卖谈判中，买主可以用这种方法从卖主那里获得通常不易获得的有关产品成本、价格等非常有用的基本资料，从而在正式谈判中能够始终占据主动地位。

在谈判中，提问可以引导对方思路，更好地达到目的。但如何"问"是很有讲究的，重视和灵活运用发问的技巧，不仅可以引起双方的讨论，获取信息，而且还可以控制谈判的方向。到底哪些问题可以问，哪些问题不可以问，为了达到某一个目的应该怎样问，以及问的时机、场合、环境等，有许多基本常识和技巧需要了解和掌握。

1. 先听后问

在对方发言时，如果自己脑中闪现出疑问，千万不要中止倾听对方的谈话而急于提出问题，这时可先把问题记录下来，等待对方讲完后，有合适的时机再提出问题。

同时，在倾听对方发言时，可能会出现马上就想反问的念头，切记这时不可急于提出自己的看法，因为这样做不但影响倾听对方的下文，而且会暴露自己的意图，这样对方可能会马上调整其后边的讲话内容，从而使自己可能丢掉本应听取到的信息。

2. 刚开始发问时，最好选择对方容易回答的问题

比如，"这次连续休假玩儿得愉快吗？"这类与主题无关的问话，能够松弛对方紧张谨慎的情绪，待缓和氛围之后，再将目标转向正题。有些性急的人，一开始就单刀直入提出令人左右为难的问题，这时对方很可能极不友善地反问："你究竟有何用意？"这么一来，场面弄僵了，原本有益的发问却变成于己不利，未免得不偿失。因此我们对发问时机的技巧应多加留意。

3. 避免刁难问题

要避免提出那些可能会阻碍对方让步的刁难问题，这些问题会明显影响谈判效果。事实上，这类问题往往只会给谈判的结局带来麻烦。提问时，不仅要考虑自己的退路，同时也要考虑对方的退路，要把握好时机和火候。

4. 等待时机，继续追问

如果对方的答案不够完善，甚至回避不答，这时不要强迫追问，而是要有耐心和毅力，等待时机到来时，再继续追问，这样做以示对对方的尊重，同时再继续回答对方问题也是对方的义务和责任，因为时机成熟时，对方也不可推卸。

5. 应问自己感到疑惑的问题及欲知的事项

提出问题的人大致有三种类型：虽然想问，但是却一味坚持己见或责备对方的人；一开口发问便喋喋不休，让人摸不清他究竟要问什么，即说话不得要领的人；仿佛在发问，却与实际状况风马牛不相及的人。上述三类人，在发问前最好先问一问自己：究竟要问什么问题？

6. 适可而止

不要以法官的态度来询问对方，也不要问起问题来接连不断。

如果像法官一样询问谈判对方，会造成对方的敌对与防范的心理和情绪。因为双方谈判绝不等同于法庭上的审问，需要双方心平气和地提出和回答问题，另外，重复连续地发问往往会导致对方的厌倦、乏味而不愿回答，有时即使回答也是马马虎虎，甚至答非所问。

7. 不要在短时间内重复同样的问题

若是在谈判开始时对对方的回答有所质疑，又恐怕当即挑明会发生摩擦，于是暂且搁置一段时间再发问，这时，即使对方露出惊讶的表情："刚才不是回答过了吗？"也不妨提出"请再说明一次"的要求。如果对方第二次的答复与第一次有所出入，则应进一步追问："此处可否具体加以说明？"最后要注意的一点是所提出的问题必须深入，以便找出确实的答案。"依你的看法，假如要避免这件事，该怎么处理比较妥当？"如果答案接近自己的设想，即可以"那真是好主意！"予以总结。

8. 问题要简短

在谈判过程中，提出的问题越短越好，而由问句引出的回答则是越长越好。因此，我们应尽量用简短的句式来向对方提问。因为当我们提问的话比对方回答的话还长时，我们就将处于被动的地位，这种提问是失败的。

提出问题是很有力量的谈判工具，因此在应用时必须审慎明确。问题决定讨论或辩论的方向，适当的发问常能指导谈判的结果。

9. 在对方发言停顿、间歇时提问

如果谈判中，对方发言冗长，或不得要领，或把精力都放在了细枝末节上，或谈些与主题不相关的问题，影响谈判进程。那么，你可以在他停顿、间歇时提问。这是掌握谈判进程、争取主动的必然要求。例如：当对方停顿时，你可以趁机提问："您刚才说的意思是……"

适时沉默，给对手施加无限的压力

在谈判中，沉默也是一种控场技巧。任何谈判都要注意实效，要在有限的时间内解决各自的问题，有些谈判者口若悬河、妙语连珠，总能在谈判的过程中以绝对优势压倒对方，但谈判结束后却发现并没有得到多少，交易结果令人失望，与谈判中气势如虹的表现不相匹配，可见在谈判中多说无益。相反，很多时候，恰到好处的沉默却收到"此时无声胜有声"的效果。

1945 年 7 月，苏、美、英三国首脑在波茨坦举行会谈。会谈休息时，美国总统杜鲁门对斯大林说："美国研制出一种威力非常大的炸弹。"暗示美国已经拥有原子弹。此时，丘吉尔在一旁两眼死盯着斯大林的面孔，观察反应。斯大林像没听见一样，以至于许多人回忆说："斯大林好像有点耳聋，没听清楚。"其实，斯大林不仅听清了这句话，而且听出了这句话的弦外之音。但在这个时候，任何方式的语言，都不如沉默应对的效果好。

在谈判中的关键问题或者是有争议的问题上，谈判双方都会急于要求对方表态，这时，你完全可以反其道而行之，一言不发或者避而不谈，借以扰乱对方的心理，迫使对方说出自己的真实意图，然后迅速出击，达到改变对方谈判态度的目的，这就是沉默策略。

沉默表面上是消极的行为，其实是以静制动的积极举动。沉默

不是逃避、忍让，而是一种策略，目的在于更有效地促进谈判。

美国科学家爱迪生发明了发报机之后，因为不熟悉行情，不知道能卖多少钱，便与妻子商量，他妻子说："卖二万。""二万？太多了吧？""我看肯定值二万，要不，你卖时先套套口气，让他先说。"在与一位美国经纪商进行关于发报机技术买卖的谈判中，这位商人问到货价，爱迪生总认为二万太高，不好意思说出口，于是沉默不答。商人耐不住了，说："那我说个价格吧，10万元，怎么样？"这真是出乎爱迪生的意料之外，爱迪生当场拍板成交。这里爱迪生不自觉地应用沉默取得了奇妙的谈判效果。

沉默是一种无声的语言。在谈判中，当不熟悉对方底细时，可以恰当地使用沉默，向对方展开心理攻势，造成一种心理上的压力。同时又可以给己方创造回旋余地，给己方审时度势创造机会，从而达到克敌制胜、游刃有余的目的。

沉默要根据谈判的需要，该长则长，该短则短。积极的沉默不是永久性的，只是暂时性的，应见好就收。

沉默要与以前的发言、举措等积极的行为结合起来。沉默从某种意义上说，应是一种准备和酝酿，是等待时机之举。所以，我们应把沉默理解为一种手段，是一种暂时的退却。退一步才能进两步，真正的目的还是为了把你的观点、立场表达出来，并获得对方的认可。

一位印刷商得知另一家公司要购买他的一台旧印刷机，十分高兴。经过反复核算，他决定以250万美元的价格出售这台机器，并准备了充足的理由说服对手。

谈判的时候到了，坐在谈判桌上，印刷商在心中一再叮咛自己，要沉住气。果然，买主首先沉不住气了，他滔滔不绝地对机器进行挑剔。

然而，面对买主的一再压价，印刷商一言不发，只是报以微笑，使得买主误认为印刷商已经找到了新的顾客。于是他按捺不住了，心理上败下阵来，咬着牙说道："这样吧，我出350万美元，但除此之外，一个子儿也不能多给了。"

350万，比印刷商原来的估价要高出许多，这是他始料未及的，当然就顺利成交了。

谈判是一种双向的交流活动，各方都在认真地捕捉对手的反应，以便随时调整自己的既定方案。如果在谈判开始的时候，一方保持沉默，就迫使对手先发言，这是处于被动地位的谈判者常用的一种谋略。在运用良久的沉默或是"不知道"这些可从多角度解读的无声或有声语言的时候，常常会令对手难以摸清自己的底细而做出有利于己方的承诺。

沉默是最有力的回答。沉默像得体的语言一样，恰到好处的沉默同样可以取得奇妙的效果。沉默往往给人一种无形的压力，对方为了打破沉默，有时不是中止自己的要求，便是提出新的方案，或是自己转移开话题。

谈判中的沉默是一种艺术，要有分寸，不可滥用。什么时候该沉默，什么时候不该沉默，这是很有讲究的。沉默运用恰当，就会产生预期的效果，否则无法产生应有的效果。

谈判中，遇到以下情形应保持沉默：

1. 专横的人通常最渴望别人尊重他的观点、认识和意见，他们听不进别人的劝解和观点，也容不得别人超过自己。在专横的人面前，你即使把道理说得再透彻、精辟，他也不买你的账，甚至会招致他的厌烦。此时，聪明的人一般会适时地保持沉默，任他声嘶力竭，唾沫飞扬。这种以柔克刚的沉默技巧，终究会让他泄下气来，冷静起来，同时反省他自己的言行。在专横的对手面前保持沉默，常常起到反客为主、变被动为主动的效果。

2. 对于情绪激动者而言，在激动时他肯定有一言抵三军的良好感觉。此时你发表意见，即便再中肯，他也会充耳不闻，甚至会竭力反驳。如果此时保持沉默，待他平静下来，完全可以与他心平气和地交换意见。

3. 当对方为了维护自己的利益而极力排斥你的观点时，如果对方的意见在一定时期内占了主动地位，在这种情况下，应当适时地保持沉默。

4. 常言道："有理走遍天下，无理寸步难行。"但有时谈判者有这样的苦恼：有理说不清。有理的一方急于表白自己的观点，以便让对方了解真相，以维护自己的利益。但你面对的恰是些不明事理的或者假装糊涂的人，他有意不买你的账，这时说得再透彻也是对牛弹琴。此时，如果干脆沉默不语，反而会使之有所省悟。

想方设法，打破谈判僵局

所谓谈判僵局是指在谈判过程中，当双方对所谈问题的利益要求差距较大，各方又都不肯做出让步，导致双方因暂时不可调和的矛盾而形成对峙，而使谈判呈现出一种不进不退的僵持局面。

在谈判中，双方观点、立场的交锋是持续不断的；当利益冲突变得不可调和时，僵局便会出现。这时，谁能打破僵局，创造性地提出可供选择的方案——当然，这种替代方案一定既要能有效地维护自身的利益，又要能兼顾对方的利益要求——谁就掌握了谈判的主动权。

1. 寻求其他解决方案

谈判各方在坚持自己的谈判方案并且互不相让时谈判就会陷于僵局，此时，最好的解决办法是，放弃自己的谈判方案，共同寻求一种可以兼顾各方利益的第三种方案。

20 世纪 80 年代中期，美国一家大型企业来华投资兴办合资企业，在完成技术、商务谈判的许多细节磋商后，中外双方在起草合资企业的同时，发生了严重的意见分歧。美方坚持要求在合同中写明，该合同的适用法为美国某州州法，中方代表则认为这是无视我国涉外经济法规的无理要求，坚决不予考虑，双方立场僵持不下。

美方负责此项谈判的福特先生花费了大量时间、精力和费用，眼看谈判将要前功尽弃，不禁黯然神伤，多次叹道："我无路可走，精神要崩溃了，要丢饭碗了。"这时，向一位通晓中外双方经济法的专家咨询，这位专家约请福特先生晤谈，从中了解到美方的要求是出于对当时中国保护知识产权方面法律体系不完备的担忧。因为若干年前，这家公司由于对公司生存至关重要的专有技术在向他国转让时未能受到应有保护而险些破产，因此他们在技术转让问题上就格外谨慎。对此，我们十分理解。于是，一方面我们直接与该公司总部的法律部主任联系，解释我国法制建设情况及对保护技术的积极态度；同时我们提出一个建设性方案，即在合同中明确表达：该合同适用法为中国法律，在我国现有法律个别不完备之处，再补充几个专门的保护条款，这些补充条款适用为美国纽约州州法（因我们对美国另一州的法律知之甚少，故建议改成适用纽约州州法）。这一方案提出后，美方代表对我方的诚意十分敬佩，并很快同意我方方案，僵局随之化解。两年后合资企业已正常生产，其后几年业务不断发展，效益颇佳。1992 年，美方投资者再追加投资 2000 万美元，扩展在华业务。

1993 年，福特先生再次陪其总裁访问中国见到老朋友时，一再强调：正是由于当初谈判僵局被巧妙化解，才给其公司业务发展带来新的生机，与中国合作取得了突破性的成就，也使其自己得到了提升，他因此十分钦佩中国朋友的真诚与才华。

当然，今天我国的有关涉外经济法规已不断完善了，类似这样的僵局可能不会再发生，但当时处理僵局时所采取的实事求是的态度，创造性地妥协方案，对今后谈判还是有现实指导意义的。

2. 转移话题

所谓转移话题，就是坚持谈判目标，然而在方式上通过变换话题，改变和缓和谈判的气氛，使双方在崭新和优良的谈判氛围里重新讨论有争议的问题，促成双方达成协议。

在谈判中，当对方固执己见，并且双方观点相差甚大，特别是对方连续提出反对意见、态度十分强硬等不良情况出现时，常常需要采用转移话题法，即为转移对方对某一问题的注意力或控制对方的某种不良情绪，而有意将谈话的议题转向其他方面的方法。

北方某玻璃厂与美国 E 玻璃公司谈判引进设备事宜。在全套引进还是部分引进这个议题上僵住了，双方代表各执一词，相持不下。北方某玻璃厂首席代表为谈判达成预定的目标，决定打破这个僵局。他略经思索后，笑了笑，换了一种轻松的语气，避开争执点，转而说："你们 E 公司的技术、设备和工程师都是世界一流的。你们投进设备，我们双方技术合作，帮我们把厂办好，一定要用最好的东西，因此，我们一定能够成为全国第一。这不但对我们有利，而且对你们也有利！"

E 公司的首席代表是位高级工程师，他听到这番话自然很感兴趣。气氛顿时变得活跃起来了，但这只是北方某玻璃厂首席代表欲达成目的第一步，更重要的还在后头。于是，他乘势话锋一转，接着说："我们厂的外汇的确很有限，不能买太多的设备，所以国内能生产的就不打算进口了。你们也知道，法国、日本和比利时目前都与我们有技术合作，如果你们不尽快和我们达成协议，不投入最先进的设备、技术，那么你们就要失掉中国的广大市场，人家也会笑话你们 E 公司失去良好商机。"

僵局立刻得到了缓解，最后双方终于达成协议。北方玻璃厂省下了一大笔钱，而 E 公司也因帮助该厂成了全国同业中产值最高、耗能最低的企业而名声大噪，赢得了很高的声誉。

当谈判双方所提条件差距较大，且都不愿意做出妥协和退让时，冲突甚至僵局就会出现。此时，转移话题不失为一种有效的办法。上例中北方某玻璃厂首席代表利用转移话题的方法，避开了"全套引进还是部分引进"这个的焦点问题，将讨论转移到了"合作共赢"的问题上来，结果促进了谈判的成功。

转移话题的目的是为了更好的切入正题。在僵持状态下，如果通过巧妙地变换话题，把争议的问题放置在一边，改变和缓和交谈的气氛，使对方在新的和融洽的谈话气氛里重新讨论有争议的问题，这是一种以积极的态度扭转交谈局面的方法。实际的谈判结果也证明，有时只有更好地转移话题，才能更好地实现谈判目标，尤其是在你不能完全信任对方的情况下。

3. 调整谈判人员

当谈判僵持双方已产生对立情绪，并不可调和时，可考虑更换谈判人员，或者请地位较高的人出面，协商谈判问题。

双方谈判人员如果互相产生成见，那么会谈就难继续进行下去。即使是改变谈判场所，或采取其他缓和措施，也难以从根本上解决问题。形成这种局面的主要原因，是由于在谈判中不能很好地区别对待人与问题，由对问题的分歧发展为双方个人之间的矛盾。当然，也不能忽视不同文化背景下，人们不同价值观念的影响。有时谈判僵局系主谈人的个人因素所造成的。僵局一旦形成，主谈人的态度便不易改变，有时会滋生抵触情绪，有损谈判，此时，应考虑更换主谈人。在有些情况下，如大部分条款都已商定，却因一两个关键问题尚未解决而无法签订协议。这时，一方也可由地位较高的负责人出面谈判，表示对僵持问题的关心和重视。同时，这也是向对方施加一定的心理压力，迫使对方放弃原先较高的要求，做出一些妥协，以利协议的达成。

4. 运用休会策略打破僵局

休会策略是会议谈判人员为控制、调节会议谈判进程，缓和会议谈判气氛，打破会议谈判僵局而经常采用的一种基本策略。它不仅是谈判人员为了恢复体力、精力的一种生理需求，而且是谈判人员调节情绪、控制会议谈判过程、缓和会议谈判气氛、融洽双方关系的一种策略技巧。

江苏仪征化纤工业公司总经理任传俊就擅长这个策略。

1985 年 7 月，任传俊主持了一次和联邦德国吉玛公司的索赔谈判，对手是理扬·奈德总经理。

索赔的原因是引进的圆盘反应器有问题，中方提出的索赔数是 1100 万西德马克，而德方只同意 300 万马克，二者相去甚远。

这是一场马拉松式的谈判。

在久久僵持不下时，任传俊突然建议休会，并提议第二天陪理扬·奈德到扬州游览。

扬州，大明寺。花木扶疏，风景宜人。任传俊对德方代表介绍道："这里纪念的是一位为了信仰，六渡日本，双目失明，终于达到理想境界的中国唐朝高僧鉴真。今天，中日两国人民都没有忘记他。你们不是常常奇怪日本人的对华投资为什么比较容易吗？那其中很重要的原因就是日本人了解中国人的心理，知道中国人重感情重友谊。"

接着，他对理扬·奈德笑道：你我是多年打交道的朋友了，除了彼此经济上的利益外，就没有一点个人之间的感情吗？

理扬·奈德大为感动。

旅行车从扬州开回仪征，直接开到谈判室外，谈判继续进行。

任传俊开门见山地说："问题既然出在贵公司身上，为索赔花费太多时间就是不必要的，反正要赔偿……"

理扬·奈德耸耸肩膀：我公司在贵国中标，总价值才 1 亿多美元，我无法赔偿过多，我总不能赔着本干……

任传俊抓住了一个事实，江苏仪征化纤工程是当时全世界最大的化纤工程，他当仁不让地说："据我得到的信息，正是因为贵公司在世界上最大的化纤基地中标，才得以连续在全世界 15 次中标。这笔账又该怎么算呢？"

这个反问问得很技巧，理扬·奈德一时语塞。

任传俊诚恳地说："我们是老朋友了。打开天窗说亮话，你究竟能赔多少？我们是重友谊的，总不能让你被董事长敲掉了饭碗；而你也要为我想想，中国是个穷国，我总得对这里 1 万多名建设者有个交代……"

谈判结束，德方同意赔偿800万马克。

事后，理扬·奈德说："我付了钱，可我心里痛快！"

自然，任传俊的成功在于他所说的一切有理有据，但我们也不能忽视一个事实：适时地中止谈判对其成功的索赔具有重大的作用。

谈判会场是正式的工作场所，容易形成一种严肃而又紧张的气氛。当双方就某一问题发生争执，各持己见，互不相让，甚至话不投机、横眉冷对时，这种环境更容易使人产生一种压抑、沉闷的感觉和烦躁不安的情绪，使双方对会议谈判继续下去都没有兴致。在这种情况下，比较好的做法就是休会，因为这时双方都需要找到时间进行思索，使双方有机会冷静下来，或者每一方的谈判成员之间需要停下来，客观地分析形势、统一认识、商量对策。

休会一般先由一方提出，只有经过双方同意，这种策略才发挥作用。怎样取得对方同意呢？首先，提建议的一方应把握时机，看准对方态度的变化，讲清休会时间。如果对方也有休会要求，很显然会一拍即合。其次，要清楚并委婉地讲清需要，但要让对方明白无误地知道。一般来说，参加谈判的各种人员都是有修养的，如东道主提出休会，客人出于礼貌，很少拒绝。三是提出休会建议后，不要再提出其他新问题来谈，先把眼前的问题解决再说。

适度让步，争取更大的胜利

英国著名外交家萨道义在其著作《外交实践指南》一书中说，谈判"不仅需要运用策略和智慧，还需要有能屈能伸的精神"。一般说来，成功的谈判都需要互谅互让。

所谓让步，是指在谈判中双方或多方就某一个利益问题争执不下时，为了促成谈判成功，一方或多方主动地放弃部分利益。

谈判是双方不断地让步最终达到价值交换的一个过程。谈判的本质是交换，谈判者不仅仅是要得到自己想要的，还需要让出另一方想得到的。因此谈判时，经常发生让步。成功的让步策略可以起到以局部小利益的牺牲来换取整体利益的作用，甚至在有些时候可以达到"四两拨千斤"的效果。

一德国公司销售经理率团来华推销焊接设备，其圆滑熟练的谈判技巧很值得借鉴。谈判时，德方的一套焊接设备先报价 40 万美元，并声明这是考虑到初次交易为赢得信誉而出的优惠价。经我方代表反复地讨价还价，德方将报价逐步降到 27 万美元。德方经理做了个夸张的仰头喝药的动作，开玩笑地说："27 万卖给贵方，我是蚀老本了，回去怕要服毒自杀了。"结果终于以 27 万美元成交。其实，据我方所知，该公司的这种设备以往也是二十几万美元的价格多次出售过，他们报价 40 万不过是给自己留出让步的余地罢了。

谈判是妥协的艺术，没有让步就不会成功。但不断重复着毫无原则的让步，不清楚让步的真实目的，最终的结果往往是将自己逼入绝境。所以，让步不是没有原则和规则的，需要灵活掌握其中的章法与技巧，不然可能会被对方击穿谈判前设定的标准和底线。即使留有充裕的余地，让步的幅度和次数也不能过于频繁。那样的话就过早地让对方知道了自己的底线。

一次成功的谈判要经历从准备、开始、展开、评估调整，到最后达成协议这么多过程，如果这时候一方突然有一个大的单方面的让步，比如付款周期方面的大让步，另一方肯定觉得你是在兜圈子，你还可以让步，他会更逼你再让步，这不利于达成最后协议，甚至会拖延时间，导致谈判破裂等。为减少不必要的麻烦，千万记住，不要做大的单方面的让步。

有一家日本某知名超市在上海开业，供应商"蜂拥而至"。李某代表弱势品牌的食品厂家与对方进行进店洽谈，谈判异常艰苦，对方要求十分苛刻，尤其是 60 天回款账期实在让厂家难以接受，谈判进入了僵局并且随时都有破裂的可能。一天，对方的采购经理打电话给李某，希望厂家在还没有签订合同的情况下，先提供一套现场制作的设备，能够吸引更多的消费者。

李某知道刚好有一套设备闲置在库房里，但却没有当即答应，他回复说："张经理，我会回公司尽力协调这件事，在最短的时间给您答复，但您能不能给我一个正常的回款账期呢？"最后，他赢得了一个平等的合同，超市因为现做现卖吸引了更多的客流，一次双赢的谈判就这么形成了，其中当然不能忽视让步的技巧所起到的作用。

从某种意义上讲，谈判中的"让步"是相对的，也是有条件或有限度的。试想，谁又会愿意作出无条件、无限制的让步呢？让步的背后必然是有着明确的目的性，必定是为了争取自身的利益才作出的让步。所以，永远不要作无条件的让步。否则，你会白白地丧失很多东西。你在让步的同时，必须也让对方作出一定的妥协。

某机械进出口分公司计划向外订购一台设备。在收到了众多的报价单后，公司进行了多方面的比较和权衡，最后决定邀请拥有先进设备和先进技术的某西方国家的客商前来中国进一步具体洽谈。谈判过程中，双方矛盾的焦点集中在价格问题上。对于该设备，开始我方的出价为 10 万欧元，而对方的报价则为 20 万欧元，与其报价单上开出的价格一致。在比较了第一回合双方各自的报价之后，双方都预计有可能成交的价位应该在 14 万到 15 万欧元之间。由于都对后面几个回合的讨价还价有充分的思想准备，于是双方都开始考虑进行一系列的让步。

关于还价的节奏和让步的幅度，我方谈判代表展开了讨论。主要的意见有几种，第一种是本着速战速决的原则，认为双方报价相差太多，为了取得一致和消除差距，双方最好都能够互谅互让，这样可以直接提出 14 万欧元的公正价格，同时还能够兼顾双方的利益，因而相对现实一些；第二种意见则认为第一种意见是典型的过大过快的让步方式，别说 14 万欧元，就是 12 万对比我们开始的报价，让步幅度都觉得过于大了，因此应该向对方表示我方愿意考虑让步不超过 5000 欧元，以 10.5 万欧元的价格购买设备；第三种意见认为前面两种意见都不妥当，不是让步幅度过大就是让步幅度太小，或者让对方觉得我们对自己的报价缺乏信心，或者对方会因让步幅度太小而认为我方没有合作诚意，认为比较稳妥的合理让步应该是从 10 万欧元增加到 11.5 万欧元，然后再增加到 12.5 万欧元，然后再增加到 13.5 万欧元左右。这样几个回合之后，在报价与实际成交价格非常接近的时候，就非常有可能达成协议了。与前两种意见不同，第三种意见所提出的让步节奏和幅度是比较合适的，而前两种意见则非常的危险，没有真正掌握让步法的技巧和艺术。双方再次坐下来进行谈判，最终我方代表还是按照第三种让步原则与对方进行交涉，而对方也是由 20 万欧元逐步向下降价。双方一共进行了四个回合的讨价还价过程。每一次双方都是不约而同地采取了幅度相差不大的让步原则，结果以 13.8 万欧元达成了最后的协议。

综上所述，我们会发现一个关于谈判的悖论："让步，将导致对手的步步紧逼；不做让步可能导致对手因得不到利益的满足而终止谈判。"那么如何处理这个问题呢？我们要记住一个让步原则：永远不要做无条件的让步。也就是说作必要的让步是可以的，但必须是有条件的；在作让步的同时，附加条件得到的利益一定能够弥补因让步所造成的损失。

总之，在谈判中，为了达成协议，让步是必要的。但是，让步不是轻率的行动，必须慎重处理。

用对方法，促成谈判成功

在谈判中，很重要的工作就是说服，常常贯穿于谈判的始终。那么，如何在谈判中说服对方接受自己的观点，以及应当怎样说服对方，从而促成谈判的和局，就成了谈判成功的一个关键。

当某公司第一次制造电灯泡时，公司的董事长召集各地的代理商开会，在向他们介绍完这项新产品之后，他说了一段举座皆惊的大实话："经过多年来的苦心研究和创造，本公司终于完成了这项对人类有大用途的产品。虽然他还称不上第一流的产品。只能说是第二流的，但是，我仍然要拜托在座的各位，以第一流产品的价格，来向本公司购买。"

"一石惊起千层浪"，在场的代理商都不禁哗然："咦！董事长怎么会说出这样的话？我们又不是傻瓜，怎么会以第一流产品的价格去购买第二流产品？董事长糊涂了吧……"大家均对董事长抱以满是疑惑的目光。

"各位，我知道你们一定会觉得很奇怪，不过，我仍然要再三拜托各位。"

"那么，请你陈述你的理由吧！"

"大家都知道，目前制造电灯泡可以称为一流的，全国只有一家而已。因此，他们算是垄断了整个市场，即使他们任意抬高价格，大家也仍然要去购买，是不是？如果，这时有了同样优良的产品，但价格便宜一些的话，对大家不是一项福音吗？否则大家只能置于垄断价格的阴影之下。"

董事长继续侃侃而谈，而且打了一个生动的比方："就拿拳击赛来说吧，毫无疑问，拳王的实力谁也不能忽视！但是，如果没有人和他对擂的话，拳击赛就无法成立了。因此，必须有个实力相当、身手矫健的对手，来和拳王打擂，这样的拳击才精彩。不是吗？"

董事长顿了顿，留给大家一小段思考的时间，又接着说："现在，灯泡制造业就好比只有拳王一个人。因此，你们对灯泡业是不会发生任何兴趣的，同时，也赚不了多少钱。如果，这个时候出现一位对手的话，就有了互相竞争的机会。换句话说，把优良的产品以低廉的价格提供给各位，大家一定能得到更多的利润。"

"董事长，你说得不错。可是，目前并没有另外一位拳王呀？"

"我想，另一位拳王就由我来充当好了。为什么目前本公司只能制造第二流的电灯泡呢？这是因为本公司资金不足，无法在技术上突破。如果各位肯帮忙，以一流产品的价格来购买本公司二流的产品，这样我就会得到较丰厚的利润。把这笔资金用于改良技术上，我相信不久的将来，本公司一定可以制造出一流的产品了。这样一来，灯泡制造业就等于出现了两个拳王，在彼此大力竞争之下，品质必然会提高，毫无疑问，价格也会降低。到了那个时候，对大家均有利。此刻，我只希望你们能帮助我扮演好拳王的对手这个角色。但愿你们能不断地支持，帮助本公司渡过难关。因此，我希望各位能以一流产品的价格，来购买这些二流产品！"

一阵热烈的掌声响起来了，经久不息，董事长的说服产生了极大的回响。谈判在愉快而感人的气氛中结束，董事长获得大家的支持。果然，公司不负众望，1 年后，这家公司所制造的电灯泡终于以第一流的品质出现，那些代理商也得到了很令他们满意的报酬。

上例中的董事长抓住了经销商的利益要害，晓之以理，动之以据，很有说服力。

在谈判中，说服即设法使他人改变初衷，心悦诚服地接受你的意见，这是一项非常重要的技巧，同时它也是一项较难掌握的技巧，其技巧性很强，往往是多种方法、多种策略的综合应用。

1. 针锋相对，适时回击

有一次，我国从某国进口了 6000 辆号称"天皇巨星"的载重汽车，这种汽车被供货方给予高度赞扬和评价，称其质量为世界一流水平。在国内投入使用 3 个月之后，有几个省市纷纷反映这种汽车存在严重的质量问题，比如出现铆钉松动，车架断裂，等等。为此，我方有关人员及时与出口国代表进行了交涉。

在与对方的谈判过程中，对方谈判代表矢口否认车辆有质量问题，坚持说自己提供的车辆全部通过质量验收，是完全合格的产品，在本国以及其他国家从来都没有因为质量问题而被起诉或者引起任何纠纷。并且对方还一口咬定车辆出现上述情况，完全是由于我国公路的质量不过关造成的。所以应该由我方全部负责，他们没有任何责任。

为了打开谈判的局面，我方谈判代表针对对方否认车辆有质量问题的观点，同对方展开了一场针锋相对的斗智斗勇。我方代表决定从问题的本质入手，也就是汽车本身在制造过程中出现的一系列不合理设计和问题。于是，我方代表派专业人员详细审查了他们的汽车设计图纸。

经过仔细地审查，我方代表终于发现了破绽，随即向对方提出了两个问题：第一，这批汽车是按照双方合同规定，针对中国市场的特殊需要专门设计的。中国公路路况较差，对方在设计和生产汽车时应该加强有关承重部位，而设计却恰恰相反，不但没有加强，反而还减弱了有关承重部位，这是不应该出现的设计错误。

第二，如果对方不信守合同，只顾赚钱，执意不肯承担设计错误的责任，那么我方将把此事公之于众，让全世界的用户都知道对方这种极其不诚信的做法。这样对方将在国际市场上丧失信誉，造成的后果将难以想象。

由于我方代表提出的问题极有针对性，以尖锐有力的论据击中了对方的要害，致使对方不得不低头认错，答应承担全部责任。双方经过进一步谈判，终于达成协议：对方接受全部退货，更换新车，并且赔偿我方数额不菲的间接经济损失。至此，我方谈判代表采用针锋相对的谈判技巧和方法，赢得了谈判的最终成功，不仅为国家挽回了经济损失，还维护了我方的尊严。

使用针锋相对的谈判技巧，无论是在政治谈判还是经济谈判中，首先要有很强的针对性，要击中对方的要害，如果不具有针对性，不能切中对方要害，就谈不到针锋相对的问题，也就达不到阻止对方攻势、维护己方利益的目的；其次，使用针锋相对法还要求提出的论据要尖锐有力，或者摆事实，或者讲道理，让对方感到无可辩驳，才能够站得住脚，居于有利的谈判地位。

2. 展示自信，克服谈判中的恐惧与焦虑

谈判桌上，要想成功地说服对方，不仅需要有精妙的言辞，还需要具有自内而外的自信。如果一个人在谈判的时候怯场，很可能就会思维混乱，词不达意，甚至漏洞百出。这样只会让对方轻视你，不愿意与你做过多的交谈。

有一家生产、销售打印材料的公司招聘了一个新的销售人员，这个新员工在接受了公司两个月的培训后，公司销售经理对其进行考核。经理指着公司对面的一家店面说："从这两个月的培训看来，你是非常适合做销售人员的，对面是一个很可靠的客户，你去向那家店销售我们的产品，这个店主以前用过我们的产品。"这位新的销售人员看了看那家店，问："现在还用我们的产品么？"经理回答："还用我就不会让你去销售了！"接着经理说道："但是你记住，那个店老板是一个厚脸皮并且满口粗话的老头，他对我们的产品是非常满意的，只是因为他用了我们的产品以后总是迟迟不给钱，我们就不愿意把产品再卖给他了，现在我想考察你的业务水平，你去和这个店的老板谈吧，看看你是否能够卖出去产品，暂时不管是否能够收回货款的问题。不过，你去和他谈的时候，不管他说什么，都不要反驳他，只要记住一点，要卖出你的产品。这个很容易的，而且你经过了两个月的专业培训，肯定没有问题。"

于是这位新的销售人员在经理的鼓励下，走进了这家店。刚开始他就说："你好，我是你对面公司销售打印材料的。"还没说完，老板便滔滔不绝地谈起了自己的生意，还有他的喜好，他的家庭，等等，足足讲了两三个小时，而这位推销员就在那里认真听着。最后，销售人员说："你好，我是本市最好的生产、销售打印材料公司的销售人员，这是名片……"结果，这位销售人员从这位店主的手里得到了很大的订单。这名销售人员把订货合同拿给经理以后，经理急忙问他是怎么做到的？销售人员若无其事地说："你不是说很容易吗？只是他不及时付款啊？而且他以前用过我们的产品，肯

定没有问题的啊！我就按照你说的方法，不去和他争辩，听他说完以后，我才向他推销的。而且我想避免公司的损失，我就要求他在拿货的时候给全款，合同上面都有的，你看……"最后，经理才吐露实情，其实这个店主从来没有购买过他们的产品，公司很多销售人员也没有能够把这个店主说服，该店之前都是在用其他公司的产品。经理说的话让销售人员吃了一惊，但是从此，这位销售人员对自己的销售能力满怀信心，成为公司的骨干。

如果不是当时那位经理善意的欺骗，而是原原本本把情况跟销售人员说明了，可能那位新的销售人员也不会那么轻松地去向店主推销，也不可能取得那样骄人的成绩。那么，在他今后的工作中也不会那样充满自信与激情。这说明了什么呢？只要你有信心去做事，就会获得成功；只要你充满信心去谈判，也会取得满意的结果。

3. 欲擒故纵

谈判者一方本来非常希望同对手合作，这样双方都能够带来实际的利益，但是由于对方拒绝合作或者提出更为苛刻的要求和条件，使谈判很容易陷入僵持局面。在这种情况下，谈判一方便可以运用欲擒故纵的技巧，主动提出放弃进一步谈判或者合作的企图。这样一来，由于对方失去这个合作对象之后，不但不能够满足进一步的要求，而且连最起码的利益也不能获得，因此对方不得不妥协和让步，放弃进一步的要求以使双方达成一致。

美国一家大航空公司要在纽约城建立一座航空站，想要求爱迪生电力公司能以低价优惠供应电力，但遭到婉言谢绝，该公司推托说这是公共服务委员会不批准，他们爱莫能助，因此，谈判陷入僵局。航空公司知道爱迪生电力公司自以为客户多，电力供不应求，对接纳航空公司这一新客户兴趣不浓，其实公共服务委员会并不完全左右电力公司的业务往来，说公共服务委员会不同意低价优惠供应航空公司电力，那只是托词。

　　航空公司意识到，再谈下去也不会有什么结果，于是索性不说了。同时放出风来，声称自己建发电厂更划得来。电力公司听到这则消息，立刻改变了态度，并主动请求公共服务委员会出面，从中说情，表示愿意给予这个新客户优惠价格。结果，不仅航空公司以优惠价格与电力公司达成协议，而且从此以后，大量用电的新客户，都享受到相同的优惠价格。

　　在这次谈判中，起初航空公司在谈判毫无结果的情况下耍了一个花招，声称自己建厂，这就是欲擒故纵的技巧，并放出假信息，给电力公司施加压力，迫使电力公司改变态度低价供电。这样航空公司先退一步，后进两步，赢得谈判的胜利。

8 控场与救场

妙语解围，创造轻松的交往气氛

人际交往中，遇到突发状况在所难免，而趋利避害是人类的本性，为了避免受到伤害，我们要尽可能学会采用各种方式来保护自己。俗话说，"害人之心不可有，防人之心不可无。"控场，就是通过我们的智慧打好圆场，让那些危害到我们或者有可能危害到我们的不利因素远离我们，使自己受到保护。

巧妙打圆场，帮他人夺回面子

所谓打圆场，就是要我们在他人说话陷入僵局或困境时，主动地提供帮助，让其在众人面前顺利说话，摆脱尴尬的境地。"打圆场"运用得好，可以融洽气氛、联络感情、消除误会、缓和矛盾、平息争端，还有利于打破僵局，解决问题。因此，"打圆场"是人们交际中常用的一种方法。

一位中年男子在生意红火的面摊前等了半天才占上位置，要了一份自己爱吃的面。很快面就端了上来，他想先尝一口汤。可是，汤的味道刺激了他的呼吸道，随着"阿嚏"一声，他的体液和着面汤同时砸在了对面一位顾客的身上和面碗里。这可惹火了这位顾客，他"呼"的一下站了起来吼道："你怎么乱打喷嚏！"

中年男子也被自己的不雅之举惊呆了，赶紧赔礼。待缓过神来后，马上对着老板喊道："我告诉你不要放辣椒的，你干吗在里边放辣椒？你赔我的面钱，我要赔人家的面钱！"老板马上问伙计，伙计也很委屈，他明明就没有放辣椒。

结果顾客、老板及周围的群众都开始七嘴八舌，说得不亦乐乎。最后老板感到这不是个事，就赶紧打圆场，对着厨房大手一挥："算啦！再下两碗面，钞票都免啦。只要大家和气，才能生财嘛！"

两位顾客这才平静下来，表示接受。此后，他们还和老板成了朋友。

"打圆场"，是一门控场的艺术，也能展示一个人的智慧。只有应变能力强、处事灵活的人，才能成功地化干戈为玉帛。

1. 求同存异，强调事件的合理性

当人们因固执己见而争执不休时，局面难以缓和的原因，往往是双方存在争胜情绪和较劲心理。因此，我们在打圆场时可以抓住这一点，求同存异，帮助争执双方灵活地分析问题，使他们认识到彼此观点的合理性，进而停止无休止的争执。

金小明、李强和陈飞三人约好周日上午九点去书城买书，并将碰头地点定在书城。九点整，金小明和李强准时到达，可等了半个多小时，也没见陈飞的影子。他们便进了书城，没想到在书城里见到了陈飞。急性子的金小明责备道："我们在外面等了半个多小时也不见你的鬼影子。天寒地冻的，原来你一直在里面溜达呢！"陈飞也急了："我八点五十分就来了，一直在里面等你们！这么冷的天我总不能在外面傻等吧！"两人各说各的理，互不相让。

这时，李强打圆场道："其实都是误会，大家谁也不想耽误对方的时间。"接着，他对陈飞说："金小明今天穿得单薄，在外面等你时冻得直跺脚，发发牢骚也情有可原。"然后又转头对金小明说："人家陈飞也没有违约，比咱俩还先到十分钟呢。都怪咱们仨没把见面地点是在书城门口还是里面说清楚，才造成这个小误会。下次咱们可都要长记性啊！走，买书去。"

李强这么一说，两人的怨气果然消了，三个人一同开始了快乐的购书行动。

金小明与陈飞争执不休，李强在打圆场时，并没有轻率地厚此薄彼，而是强调各方"违约"的合理性，提醒他们要求同存异，互谅互让，这才缓解了双方的对立情绪。

2. 给对方找台阶下

有时候对方陷入谈话困境后，并不是想硬撑下去，而是苦于没有可下的台阶。如果我们能及时巧妙地给对方一个可撤的话题，让对方顺着这个话题撤出去，对方就会顺势而走的。

慈禧是个京戏迷，每次看完京戏后，常赏赐艺人一点东西。一次，著名演员杨小楼唱完戏后，慈禧很满意，便将桌子上的糕点赏赐给他。

　　杨小楼叩头谢恩，但他不想要糕点，便壮着胆子说："叩谢老佛爷，这些宫廷美食，奴才无福消受，能否另外恩赐点……"

　　"要什么？"慈禧心情高兴，并未发怒。

　　杨小楼又叩头说："老佛爷可否赐幅墨宝给奴才？"

　　慈禧听了，一时高兴，便让太监捧来笔墨纸砚。慈禧举笔一挥，写了一个"福"字。

　　站在一旁的小王爷，看了慈禧写的字，悄悄地说："福字是'示'字旁，不是'衣'字旁的呀！"

　　字写错了，这让杨小楼左右为难。若拿回去被人看到，会说他有欺君之罪。若不拿回去，慈禧一怒就会要自己的命。要也不是，不要也不是，他一时急得直冒冷汗。

　　气氛一下子紧张起来，慈禧太后也觉得挺不好意思，既不想让杨小楼拿去错字，又不好意思再要过来。

　　这时，旁边的李莲英赶紧上前说道："老佛爷之福，比世上任何人都要多出一'点'呀！"

　　杨小楼一听，也随声附和道："老佛爷福多，这万人之上之福，奴才怎么敢领呢！"

　　慈禧正为下不了台而发愁，听他们这么一说，急忙顺水推舟，笑着说："好吧，隔天再赐给你吧！"就这样，李莲英为二人解脱了窘境。

　　简简单单一句话，成功化解了慈禧的"面子危机"。原本给别人题字，却把"福"字多写了一个点，在众目睽睽下，是件挺下不了台的事儿。幸亏李莲英反应快，找了个说法把这个错误给"补圆"了。这样，既成功化解了慈禧的危机，也为自己赢得了一份"人情"。

3. 善意曲解，化干戈为玉帛

　　在交际活动中，交际的双方或第三者由于有偏见和误会，常常会说出一些让别人感到惊讶的话语，做出一些怪异的举动，从而导致尴尬和难堪场面的出现。为了缓解这种局面，我们可以采用故意"误会"的办法，装作不明白或故意不理睬他们言语行为的真实含义，而从善意的角度来做出有利于化解尴尬局面的解释，将局面朝缓和的方向引导。

实习期间，一位实习老师在黑板上刚写了几个字，学生中突然有人叫起来："老师的字比我们李老师的字好看！"

真是语惊四座，天真的学生哪能想到：此时后座的班主任李老师该多么尴尬！对这位实习生来说，初上岗位，就碰到这般让人难堪的场面，的确使人头疼，以后怎样同这位班主任共度实习期呢？怎么办？转过身来谦虚几句，行吗？不行！这位实习生灵机一动，装作没有听到，继续写了几个字，头也不回地说："不安安静静地看课文，是谁在下边大声喧哗？"

此语一出，后座的李老师紧张尴尬的神情顿时变得轻松多了，尴尬局面也随之消除。

这里的实习老师巧妙地避实就虚，避开"称赞"这一事实，装作没有听清楚，而攻击"喧闹"这一表面现象，既巧妙地告诉那位班主任"我根本没有听到"，又敲打了那位学生，避免学生误认为老师没有听见可以再称赞几句，从而缓解了尴尬局面。

自我解嘲，谈笑间打破窘局

幽默一直被人们称为只有聪明人才能驾驭的语言艺术，而自嘲又被称为是幽默的最高境界。它能制造宽松和谐的交谈气氛，能使自己活得轻松洒脱，使人感到你的可爱和人情味，从而改变对你的看法。适时适度地"自嘲"会收到妙趣横生、意味深长的效果。懂得自嘲的人往往会与他人相处得更融洽，更受人欢迎。

1990 年，中央电视台邀请台湾影视艺术家凌峰先生参加春节联欢晚会。当时，许多观众对他还很陌生，可是他说完那妙不可言的开场白后，一下子被观众认同并受到了热烈欢迎。

他说："在下凌峰，我和文章不同，虽然我们都获得过'金钟奖'和最佳男歌星称号，但我以长得难看而出名……一般来说，女观众对我的印象不太好，她们认为我是人比黄花瘦，脸比煤炭黑。"

这一番话嬉而不谑，妙趣横生，观众捧腹大笑。这段开场白给人们留下了非常坦诚、风趣幽默的良好印象。

不久，在"金话筒之夜"文艺晚会上，只见他满脸含笑，对观众说："很高兴又见到了你们，很不幸你们又见到了我。"

观众报以热烈的掌声。至此，凌峰的名字就传遍了祖国大地。

凌峰的自嘲就是"自我开炮"，这种自嘲开路，幽默搭桥，用诙谐的语言巧妙地进行自我介绍的方式，会使听众倍感亲切，无形中缩短了与听众间的距离。既巧妙地介绍了自己，又体现了自己谦逊的修养，而且活跃了气氛，沟通了彼此的心理，一石三鸟，堪称一绝。

自我解嘲是一门很深的学问，它是人们心理防卫的一种方式，是一种自我安慰和自我帮助，是对人生挫折和逆境的一种积极、乐观的态度，也是沟通的艺术。自我解嘲并非逆来顺受，而是一个人心境太平的表现。

当我们在人际沟通中遇到难关或冷场时，如果你能审时度势地用好自嘲，就可以为你解除尴尬，平添许多风采。

在某俱乐部举行的一次盛宴招待会上，服务员倒酒时，不慎将啤酒倒到一位宾客那光亮的秃头上。服务员吓得手足无措，其他人也都是目瞪口呆。这位宾客却微笑地说："老弟，你以为这种治疗方法会有效吗？"在场人闻声大笑，尴尬局面即刻被打破了。

这位宾客借助"俏皮"，即展示了自己的大度胸怀，又维护了自我尊严，消除了挫折感。

自嘲是一种幽默的表达方式，有着特殊的功用。它可以营造欢愉的氛围，化解尴尬，拉近和别人的距离。

从心理学的角度来讲，自嘲是一种幽默的生活态度，体现了自嘲者的高修养、深内涵、低姿态的机智。它融合了自嘲者的智慧，娱乐大家。

有一位小伙子爱上了一位姑娘，追求两年没有一点成效，有人在大庭广众之下取笑他没有本事，他答道："这两年她总说我是美男子，她配不上我，那就算了吧！谁让我太帅了呢？"一番话使众人都欣然地笑了，把难堪的局面化解了，小伙子的自尊心通过自嘲受到了保护。

一个人在处境困难或身临尴尬时，用自嘲来对付，是一种十分妥善的办法。善于应付世事的人，常常在于己不利的场合，运用自嘲的方式，把原来不利于自己的情况变通一下，大事化小，小事化了，轻轻松松地渡过难关。

有时你陷入难堪是由于自身的原因造成的，如外貌的缺陷、自身的缺点、言行的失误等等，自信的人能较好地维护自尊，自卑的人往往陷入难堪。对影响自身形象的种种不足之处大胆巧妙地加以自嘲，能出人意料地展示你的自信，在迅速摆脱窘境的同时显示你潇洒不羁的交际魅力。

有一个男人十分风趣，长得特别的胖，在办公室时没有一个比得过他了，但是他十分乐观，并且娶走了办公室最漂亮的女人。这个女人为了他一改往日的冷若冰霜，变得更加温柔可人，为此朋友都是很是不解。

朋友们问他："你生得如此富态，如何赢得她的芳心呢？"他乐而不答，晚上请朋友回家吃晚饭，朋友们决定用计要耍他。

朋友们来到他家，看到他的妻子贤惠地忙里忙外，朋友们的心里别提有多么美慕了。其中有一个喜欢他妻子的朋友就想找个事破坏一下他俩的感情，看到桌上的杯子，他突生一计，将杯子放在离他手很近一碰就会掉在地上的方位。这个男人并不知朋友的阴谋。

他在和大家谈完话后，感到口渴想喝水，顺手就去摸刚才的杯子，由于没有注意杯子换了方位一不小心打破了茶几上的杯子，满地的水和碎片，朋友觉得他一定会挨骂，并且还会发生争执，于是决定留下来看他的笑话。

妻子听到声音后出来一看，刚刚擦得干净的地板变成了这样，气得跺着脚怒骂："你立马儿从我眼前消失"，男人不温不火道："消失是完全可以的，'立马儿'恐怕不太现实，我这么胖，跑也得跑一阵子，你说呢？"妻子听后转怒为喜，嗔怪了几声就回到厨房做起晚餐了。

美国社会学家麦克·斯威尔说："在别人嘲笑你之前，先嘲笑你自己。"你不妨把"自己"当作嘲笑的对象，不但可以消除紧张、焦虑的情绪，更可以提升自我的修养。

当处于非常窘迫的境地中时，机智地进行自我嘲贬而产生的幽默，是摆脱窘境的好方法，也是展示人格魅力的法宝。同时也能给对方一种轻松感，使沟通气氛变得更加和谐，更有利于沟通活动的顺利进行。

随机应变，巧妙应对突发的麻烦

在生活中，意外和突发的事情时有发生，甚至发生时毫无征兆，这就要求我们要有很强的应变能力，能镇定地、巧妙地应对任何突发性困境。

一位化学老师在一次公开课上进行演示试验，到场的有很多视察领导，校长也寄于这位老师很大的希望，如果这次上课能够圆满成功，这所学校将得到领导的重视，为学校捐款盖新楼，并且将这所学校定为最具发展潜力的学校，有望进入本县重点高中，所以这一次演讲关系着学校的命运。

化学老师在刚开始的时候，绘声绘绝，讲得所有领导都为之叹服，到了演示演讲时，他走到演示试验台前非常自信地讲道："当我们把燃烧着的金属钠装到装满氯气的集气瓶时，将会看到钠剧烈地燃烧并生成大量白烟。"

然而就在这一刻，所有人的眼睛盯着这个试验的一刻，演示时集气瓶中出现的不是白烟，而是黑烟。所有的人都大吃一惊！老师很快意识到这是由于自己的疏忽忘记清洁钠表面杂物而导致的结果。

为了能够让这次演讲圆满成功，他决定将计就计，看着陷入沉静的教室，他继续把试验做下去。他问学生Ａ："你看到了什么？"学生Ａ不语，教师鼓励他说："要实事求是，看到什么说什么，这才是科学态度。"

"老师，我没有看到白烟，而是黑烟！"Ａ鼓起勇气回答。

"你的观察很准确。"老师勉励学生，并进一步启发说："这样看来，刚才燃烧的东西就不是金属钠了！可是，这的确是块金属钠，那么，刚才为何燃出黑烟呢？请同学们回忆一下金属钠的物理性质与贮存方法。"

老师抛出引玉之砖，全班又一下子活跃了起来，学生争先发言："金属钠性质活跃，不能裸露在空气中，而是贮存在煤油中。"

"你说对了！"老师怀着歉疚之心介绍说，"由于我的疏忽大意，实验前没有将沾在金属钠上的煤油处理干净，结果发生了刚才的实验事故。为了揭示上述错误原因，我不打算回头处理煤油，而是将沾有煤油的金属钠继续烧下去。请大家想想，烧的过程中，烟的颜色将发生什么变化？"

"黑烟之后将出现白烟。"同学们异口同声地说，老师重新点燃了金属钠，还冒着黑烟，只不过放入集气瓶后逐渐变淡，然后老师将燃烧着的金属钠又移至另一个集气瓶中，燃烧剧烈了，似乎听到了"嘶啪"的响声，集气瓶中的白烟在翻滚！"同学们，你们的预言实现了！"老师向大家宣布。

台下响起了热烈的掌声，校长与领导也都露出了真诚的微笑："表示这节课演讲的非常生动，同学们通过这堂课不仅学会了自己动手的能力，同时也懂得了在各种不同的情况下学习思考的能力。"

在这个事例中，化学老师运用自己的机智巧言，化腐朽为神奇，他的这种沉着冷静、因势利导，充分展示出了强大的控场能力，让所有的人懂得了，在遇到错误或者是因自己的一时疏忽而导致的尴尬时，要懂得运用语言技巧化解危机，赢得胜利。

意外的事情常常无法避免，总是和我们不期而遇，关键是你要保持冷静，积极应对。只有这样，才能稳操胜券，才能巧妙地应对。

1. 借其言，反其意义

对无理的行为进行语言反击，是正义的语言与无理的语言的对抗。所以，反击的语言一定要与对方的语言表现出某种关联，正是在这种关联中，才会充分表现出自己的机智与力量，使对方搬起石头砸自己的脚。

德国大诗人海涅是个犹太人，常常遭到一些无耻之徒的攻击。在一个晚会上，一个人对他说："我发现了一个小岛，这个小岛上竟然没有犹太人和驴子。"德国大诗人海涅白了他一眼，不动声色地说："看来，只要你和我一起去那个岛上，才会弥补这个缺陷。"

"驴子"在德国南方语言中，常常是"傻瓜、笨蛋"的代词。面对是犹太人的德国大诗人海涅，将"犹太人与驴子"并称，无疑是侮辱人，可德国大诗人海涅并没有对他大骂，甚至对这种说法也没有异议，相反，他把这种并称换上"你和我"，这样就一下子使"你"与"驴"相等了。

2. 将错就错

错是很容易遇到的，毕竟人非万能，不可能一切完美，但是只要懂得将错就错，然后机智发挥，就会帮助自己解除窘困。

一位节目主持人参加省内建团庆典，由于事先不了解情况，错把原来是花白头发的老汉——海南师范学院党委书记南新燕介绍成了"小姐"，面对全场哗然，他没有惊慌失措，而是真诚的向被介绍人道歉，然后侃侃而谈："您的名字实在太有诗意了，我一见这三个字，就想起了'旧时王谢堂新燕，飞入寻常百姓家'。这是一幅多么美的图画，今天，这里出了类似的情景，京剧一度是流行在北方的戏曲，而现在，京剧从北到南，跨过琼州海峡，飞到海南，并且安家落户，这又是一幅多么美妙的图画啊！"

主持人遇到错误时，将错就错，并且在这个错误中进行了富有诗意的生动描述，补救了自己的失误，获得了他人的谅解，并且赢得了全场观众的异乎寻常的喝彩。

3. 避实就虚

为了保全自己的某种利益，你可以设法避开这类难于应付的问题。有时候为了照顾自己的面子，你也要学会避开别人的提问。

有一次，大名鼎鼎的作曲家勃拉姆斯前去参加一个演奏会，这个演奏会是由一位年轻钢琴家贝伦哈特举办的，举办这个演奏会的原因是他为席勒的诗《钟之歌》谱了一首曲子。

在演奏会上聚精会神地倾听，显出极为陶醉的模样，甚至不时地点点头。贝伦哈特误以为勃拉姆斯喜欢他作的曲子，因此当演奏会结束后，他立即高兴地问布拉姆斯："阁下是不是很喜欢这首曲子？"勃拉姆斯没有正面回答，而是笑着说："这首《钟之歌》，果然是不朽的诗。"

勃拉姆斯巧妙地避开问题，并委婉有礼地表达了他真实的想法：他很欣赏《钟之歌》这首不朽的诗，但并不一定认为贝伦哈特的曲子水准高。

4. 幽默解围

杜罗夫是俄罗斯一位著名的丑角。

一次演出的幕间休息的时候，一个很傲慢的观众走到他的身边，讥讽道："丑角先生，观众对你非常欢迎吧？"

"是的。"

"要想在马戏班里受到欢迎，丑角是不是就必须具有一张愚蠢而又丑怪的脸蛋呢?"

听到此话,很多人围了过来。

"确实如此。"杜罗夫明白了这位观众的恶意,立即回答说,"如果我能生一张像先生您那样的脸蛋的话,我准能拿到双薪。"

这位傲慢观众的脸蛋,同杜罗夫能否拿双薪,本无丝毫内在联系,但幽默的杜罗夫却巧妙地把它们牵扯在一起,轻松地为自己解了围。

保住对方的面子,别让对方下不来台

俗话说:打人莫打脸,骂人莫揭短。在中国,"面子"是一件很重要的事,为了"面子",小则可以翻脸,大则会闹出人命。因为每个人都有强烈的自尊心和虚荣心,都会注意自己社交形象的塑造。在这种心态支配下,如果让人丢了面子或者是下不了台,他会对你产生比平时更为强烈的反感。同样,如果你为他提供了"台阶",使他保住了面子、维护了自尊,他会对你更为感激,产生更强烈的好感。

古代有一个大户人家,因为小媳妇心灵手巧、才智过人、贤惠温顺而颇得公婆宠爱。对此大媳妇、二媳妇则嫉恨在心,两个人决定诬毁陷害于她。

有一天,家中轮到小媳妇做饭。大媳妇、二媳妇看着她把饭做好之后,又去门前的池塘洗衣服。这时,大媳妇、二媳妇使出一条恶计:她俩又往灶膛里添了一大把火柴,锅中米饭本来松松软软,这个时候突然焦煳串烟。

不一会儿,小媳妇洗完衣服回屋,突闻锅中的米饭蹿出焦煳气味,一看灶膛,木柴还在燃烧。生性聪慧的小媳妇已猜出个中原委。她没有冲上去对着大嫂、二嫂漫骂,而是灵机一动,遂把呈焦煳状的米饭煮成了稀饭,另外还做了一个大饼。

等到众多家人就餐时，大媳妇、二媳妇准备看小媳妇的好戏，希望她能在家人面前丢人现眼。没想到小媳妇开口说道："这两天天气较热，大伙儿总吃米饭胃口一定不大好，所以我煮了些锅巴稀饭，做了些大饼，给大家调调胃口。"这一言一行，即刻博得了家人们的称赞。

大媳妇、二媳妇惭愧之至，觉得小媳妇不仅聪明，还懂得做人，比起自己真的是天壤之别。本来她是可以真相告之的，可是她为了不让自己失去面子，有台阶下，而是说了这一番话，使得一贯嫉妒的并有心加害她的大媳妇、二媳妇不得不敬佩之至。

此后，她俩对小媳妇也善意相待，聪慧的小媳妇对两位嫂子加倍尊敬，使得这个大家庭每天都欢声笑语，生活也越过越红火了。

在人际交往中，要想与别人建立和谐的关系，就必须懂得为他人保留面子。人际关系是相互的，你希望别人怎样对待你，你就应该怎样对待别人。尊敬别人，给别人面子，其实也是给自己留下了余地。

一位顾客来到一家百货公司，要求退回一件外衣。她已经把衣服带回家并且穿过了，只是她丈夫不喜欢。她辩解说"绝没穿过"，要求退掉。

售货员检查了外衣，发现明显有干洗过的痕迹。但是，直截了当地向顾客说明这一点，顾客是绝不会轻易承认的，因为她已经说过"绝没穿过"，而且精心伪装了没有穿过的痕迹。这样，双方可能会发生争执。

于是，机敏的售货员说："我很想知道是否你们家的某位成员把这件衣服错送到了干洗店去。我记得不久前我也发生过一件同样的事情，我把一件刚买的衣服和其他衣服一起堆放在沙发上，结果我丈夫没注意，把这件新衣服和一大堆脏衣服一股脑塞进了洗衣机。我怀疑你是否也遇到这种事情——因为这件衣服的确看得出已经被洗过的明显痕迹。不信的话，你可以跟其他衣服比一比。"顾客看了看证据知道无可辩驳，而售货员又为她的错误准备好了借口，给了她一个台阶——说可能是她的某位家庭成员在没注意的情况下，把衣服送到了干洗店。于是顾客顺水推舟，乖乖地收起衣服走了。售货员的话说到顾客心里去了，使她不好意思再坚持。一场可能的争吵就这样避免了。

人与人交往难免会出现矛盾、误会和摩擦，当对方发生一些让他下不了台的事，如果你愿意在那时给对方一个台阶下的话，那便可大事化小，小事化了。

某公司的待遇很差，职工苦不堪言。公司领导之所以不愿改善员工待遇，是由于他认为员工都是庸才，工作不努力，对公司贡献不大，而且多数人还都是兼职。一旦有人拿其他公司与自己公司作比较时，老板就说，他们公司的职员是正途出身，而自己的下属是杂牌军。

一天，公司的一位高级职员针对公司近来迟到人数逐渐增多的现象对领导反映说："新职员简直都没办法到公司上班了！"

"为什么？"领导奇怪地问。

"坐人力车吧，觉得车费太贵；坐电车吧，又挤不上去，而且每月出的电车费也不够，他们怎样才能解决这个问题呢？"

"以步当车，一文不费，而且还能锻炼身体，这多好的事啊！"领导说。

"不行啊，鞋袜走破了，他们又买不起新的了。不过我有个办法，希望您出个布告，提倡赤足运动，号召大家赤脚走路来上班，这样问题不就解决了吗？谁让他们命不好，生在这个时候呢！谁让他们不去想发财的路子，非要当苦命的职员呢！他们坐不起电车、人力车，也不能穿鞋袜整齐地来上班，都是活该啊！"职员摇摇头说。

他一面说一面笑，说得领导也不好意思起来，只好同意改善一下员工待遇。

事实上，无论你采取什么样的方式指出别人的错误，即使是一个藐视的眼神，一种不满的腔调，一个不耐烦的手势，都可能让别人觉得没面子，从而带来难堪的后果。不要想着对方会同意你所指出的错误，因为你否定了他的智慧和判断力，打击了他的荣耀和自尊心，同时还伤害了你们的感情，他非但不会改变自己的看法还会进行反击。所以，在给别人指出错误的时候要委婉，讲究方式，给别人留个面子，这样会更容易让别人接纳。

一位丈夫请妻子到餐馆吃生日餐，有道菜是"蚂蚁上树"，可端来的菜盘里只有粉丝不见肉末。妻子故作不知，问服务小姐："服务员，这道菜叫什么？"服务小姐仔细一看，不好意思地回答："蚂蚁上树。""怪了，怎么只见树不见蚂蚁？"妻子有些得理不饶人。面对一声高过一声的诘问，服务小姐十分窘迫。丈夫见状，马上接过话来："老婆，大概蚂蚁太累了，还没爬上来。服务员，麻烦你给老板说一声，赶紧给我们换一盘爬得快的蚂蚁，要知道时间就是生命呀。"服务小姐如释重负，赶紧为他们换了一盘名副其实的"蚂蚁上树"。这位丈夫真是善解人意，他的话幽默风趣而又大度，既缓解了紧张的气氛，又让双方都找到了体面下台的契机。妻子听了他的话，会展颜一笑；服务小姐呢，则带着感激的心情，想办法补偿过失。

这样机智处理问题的人，才是睿智成熟的交际高手。在日常生活中，若能适时地"给人台阶下"，不仅能使自己获得对方的好感，而且也有助于自己树立良好的社交形象，甚至可以交到很好的朋友、巩固更多的合作伙伴。

在社会中，懂得给对方台阶下的人往往会受人欢迎。这也就是维护对方面子的意思，他们对你的这一举动会心存感激。

妙语应对，挽回自己的颜面

古人云："人之谤我也，与其能辩，不如能容；人之侮我也，与其能防，不如能化。"生活中经常会遭到麻烦和争执，甚至于有些争执是不必要的芝麻小事，其实他们自己也意识到为了这一点小事发生争执是非常不必要的，可是为了挽回自己的颜面，又不得不争个你死我活，面对这样的境况，如何运用语言来劝阻他们，从而化干戈为玉帛呢？

下面总结几个常用方法：

1. 含糊其词

人际交往中，常常会遇到一些难于回答的敏感问题，使你处于难堪的窘境。此时，你若运用模糊语言不失为应对敏感话题的一种良策。

著名足球运动员迪戈·马拉多纳在与英格兰球队相遇时，踢进了一粒颇有争议的"问题球"。当记者问马拉多纳，那个球是手球还是头球时，马拉多纳机敏地回答："手球有一半是迪戈的，头球有一半是马拉多纳的。"

这个回答颇有心计，如果他直言不讳地承认是手球，那么对裁判的有效判决无疑是"恩将仇报"。但如拒不承认，又有失"世界最佳球员"的风度。而这妙不可言的"一半"与"一半"，等于既承认了球是手臂撞入的，颇有"明人不做暗事"的大将风度，又在规则上维护了裁判的权威。

2. 巧妙地转移话题

当你遇到敏感的话题时，如果不想正面回答，可以绕开这个问题而谈与其有关的问题，这就是交谈中的"移花接木"。

日本一位著名电影演员到上海进行艺术活动时，中国朋友十分关心这位还未结婚的电影艺术家。有人问她准备什么时候结婚。这位电影演员笑容满面，十分友好而机智地说："如果我结婚，就到中国来度蜜月。"

这一回答既爽朗又巧妙，把在"何时结婚"的问题变成了"在何地度蜜月"的问题，避开了她不想公开正面回答的问题，使人们不好再追问下去，同时又非常强烈地表达了她对中国人民的友好感情，让听者无不为之叹服。

3. 避其锋芒

有时双方意见不合，不要一味地继续下去，否则将会发生争吵，不如可以将问题绕过去，暂时避其锋芒。

在找对象问题上，一对母女意见不合，产生了矛盾。女儿不愿意也不能和母亲闹僵，只好等待时机再说。这天吃饭时，母亲又唠叨起来："你也 25 岁了，不小了，我像你这么大的时候，你姐姐都 3 岁了。人家王局长的儿子个高，长的又精神，还有现成的房子，为什么看不上呢。""妈，这个红烧茄子是不是隔壁李阿姨教的做法？怎么颜色不好看，你过来看呀！"

在这个事例中，女儿有意回避话题，就是采取了"碰到红灯绕道走"的办法。

4. 用反问来回答问题

有时当别人问到自己不知道准确答案的问题时，可用幽默的语言反问句回答他，自己表示对自己所说的怀疑，并要求对方做出评判。当然这个答案要明显错误，甚至有些荒唐，以达到幽默的目的，也摆脱了自己的困境。

中央电视台首次举办幼儿技能大赛，当时男主持人是著名相声演员冯巩。当女主持人问冯巩道："你知道 3 个月的婴儿吃什么最好？"冯巩道："该不会是馒头吧？"

这一幽默的反问句，不仅使他顺利地度过了电视机前的尴尬，而且给观众留下了深刻印象。

5. 以谬治谬

谈话中对方若故设"陷阱"，可以牙还牙。会话对方故设"陷阱"，以谬论相刁难，其用意无非是企图造成一种进退两难的局面：

答则显示无知，不答则表明无能。这种情况比较适宜用"以谬治谬"法应变。

在美国废奴运动中，废奴主义者菲利普斯到各地巡回演讲。一次，一个来自反废奴势力强大的肯塔基州的牧师问他：

"你要解放奴隶，是吗？"

菲利普斯："是的，我要解放奴隶。"

牧师："那么，你为什么只在北方宣传？干吗不去肯塔基州试试？"

"你是牧师，对吗？"菲利普斯反问道。

牧师："是的，我是牧师，先生。"

菲利普斯接着问："你正设法从地狱中拯救鬼魂，是吗？"

牧师："当然，那是我的责任。"

菲利普斯："那么，你为什么不到地狱去？"

牧师觉得一个声称要解放奴隶的人，总在没有奴隶的地方叫喊，目的显得不纯。菲力普斯认为以牧师的身份不应有过多功利的猜疑，于是便对他进行了有力的反驳，他用"以谬制谬法"轻而易举地战胜了对方。

巧用幽默的语言，摆脱尴尬的局面

在人际交往中，我们往往会遇到令人发窘的问题和尴尬的处境，那怎样才能做到遇事不惊乱，从狼狈难堪的境地中解脱出来呢？运用急中生智的幽默是最好的方法。

幽默是一种高超的语言艺术，幽默不仅能够帮助我们与他人沟通与交往，还能帮助我们处理一些人与人之间的摩擦，并使其顺利地渡过难关、解决难题。因此，我们要学会用幽默解决问题。

冬季的北京寒气袭人，各家商店门口都挂着厚重的棉帘子。由于进出者一里一外，相互看不见，如果两人同时掀棉帘子，相撞之事自然在所难免。一天，一位小伙子正掀棉帘子准备进去，恰好里面一位小姐也在掀棉帘子准备出来，同时迈出了脚。姑娘一脚踩在小伙子鞋上，冷不防打了个趔趄，不禁哎哟惊叫一声。小伙子忙伸手扶住并说了一声对不起，让开了道，让小姐先出来。小姐出门后，看了小伙子一眼，说："你是怎么走路的！"咄咄逼人的责问令小伙子一时语塞。在门口踩脚本来双方都有责任，自己已友好地道歉了姑娘还不放过，小伙子也有些急了。但他转念一想，人家是斯斯文文的小姐，踩了大小伙子的脚已有些不好意思，何况又在众目睽睽中被他扶住，更是不好意思。只是姑娘因自己的失态心中恼火，便不经意地把气撒到了这位"肇事者"身上。如此一想，顿时怒气全消，笑着说道："对不起，我是用脚走路的。刚才吓着您了。"小姐一愣，随即扑哧一笑，"你这个人说话真逗，这不能怪你，主要是我没看见，脚也伸得快了一点，对不起踩了你。"

小伙子对姑娘的反击，完全是友好的。人用脚走路是正常的，怎么会吓着别人？小伙子以自己的幽默，巧妙地告诉小姐，是我的脚害了你，暗示自己对她的理解和尊重。姑娘由责问到道歉，一场口舌之争得以避免，全靠了小伙子善意的幽默。

与人相处的过程中，尴尬局面是不可以避免的，假如你这时能来点幽默，就会在很短的时间内整理好热烈的气氛，摆脱窘境。就像富兰克林·罗斯福所说的那样："幽默是人际沟通的洗涤剂。幽默能使激化的矛盾变得缓和，从而避免出现令人难堪的场面，化解双方的对立情绪，使问题更好地解决。"

在沟通中，幽默语言如同润滑剂，可有效地降低人与人之间的"摩擦系数"，化解冲突和矛盾，并能使我们从容地摆脱沟通中可能遇到的困境。

英国的"一代名相"丘吉尔就是一位善于自我幽默的高手，他为世人留下的幽默典故数不胜数，绝对算得上是一位多产的幽默大师。

1915 年，当时的丘吉尔还是英国的海军大臣。有一天，不知他是一时心血来潮，还是什么原因，突然要学开飞机。于是，他命令海军航空兵的那些特级飞行员教他开飞机，军官们只好遵命。

丘吉尔还真有股韧劲，刻苦学习，把全部的业余时间都搭上了，负责训练他的军官都快累坏了。丘吉尔虽称得上是杰出的政治家，但操纵战斗机跟政治是没什么必然联系的。也可能是隔行如隔山吧，总之，丘吉尔虽然刻苦用功，但是机舱里的那么多仪表丘吉尔自始至终也没完全搞明白。

有一次，在飞行途中，天气突然变坏，一段160英里的航程竟然花了2个小时才抵达目的地。

着陆后，丘吉尔刚从机舱里跳出来，那架飞机竟然再次腾空而起，一头撞到海里去了。旁边的军官们都吓得怔在那里，一动不动。

原来，匆忙之中的丘吉尔竟然忘了操作规程，在慌乱之中又把引擎给发动起来了，望着眼前这一切，丘吉尔也不知所措，好在，他并没有惊慌，装作茫然不知似的，自我解嘲道：

"怎么搞的，这架飞机这么不够意思，刚刚离开我，就又急着去和大海约会了。"

一句话，缓解了紧张的气氛，也让丘吉尔摆脱了尴尬。

幽默是缓解紧张局面的灵丹妙药，是随机应变的有力武器。在人际交往中，往往会遇到令人尴尬的处境，要想从难堪的境地中解脱出来，可以运用急中生智的幽默。建构起特有的幽默氛围，就能巧妙得体地摆脱尴尬场景。

有一次，纪晓岚陪同乾隆皇帝游历汨罗江，战国时期楚国的三间大夫屈原就因忧国忧民自沉在这条江中。乾隆一时心血来潮，准备幽上纪昀一默，便问他："君要臣死，臣当如何？""臣当万死不辞。"纪晓岚回答得毫不含糊，正中乾隆下怀。乾隆盯着他说："卿是朕的忠臣，为了表露你的一片忠心，我命你立即投江而死。""臣领旨！"纪晓岚应声作答，便奔向了船头，站在船头自言自语一番后，并没有投江，返回跪在乾隆面前。"既是忠臣，为何有旨不遵?"乾隆厉声问道。"臣正要投水，屈大夫忽然从江中跳出来，指着臣的鼻子骂道：'纪晓岚，你难道要做千古罪人吗？我当年投江，是因为楚王昏庸，楚国行将灭亡，现在皇上英明，国泰民安，你却要效我投江，你将当今英主比作何人？皇上称臣为忠臣，臣岂敢欺主诬上？所以不敢投江。'"乾隆听罢，哈哈大笑，亲手将纪晓岚扶起。

在这里，乾隆以幽默开头，纪晓岚以幽默作结，君臣共演了一幕幽默双簧。乾隆只是拿纪晓岚与屈大夫作一个比较，不是真心地叫他投江，正好纪晓岚也就假戏真做，演得有声有色，急中生智，把乾隆出的难题又踢了回去，通过类比上推，纪晓岚既跳出投江的圈外，又达到了歌颂乾隆的目的，君臣在幽默调侃中更加融洽了彼此的关系。

幽默的语言是含蓄的，它能够诱导人深入地思考，发出会心的微笑，在幽默的气氛中交谈，使人在笑中同时引起联想和推断，领悟其中的含义。如果在人际交往中不时地用点儿幽默的语言，逐步掌握幽默的技巧，就会巧妙地应对各种尴尬的局面，能够很好地调节生活，使你的生活充满欢乐，甚至改变你的人生。

幽默是一种智慧的表现，具有幽默的人到处都受到欢迎，可以化解许多人际间的冲突或尴尬，能够化干戈为玉帛。

幽默是沟通最好的清凉剂，培养幽默感有助于彼此的沟通。在通常情况下，真正精于沟通艺术的人，其实就是那些既善于引导话题，同时又善于使无意义的谈话转变得风趣幽默者。这种人在社交场上往往如鱼得水、左右逢源，可算是人际沟通中的幽默大师。

打破冷场，控制现场

冷场是谈话者主动与非主动之间发生的一种古怪消极的气氛，因为紧张或是其他原因而无话可说，然后使人感到无聊、不安、尴尬、难受等潜意识心理反应。并且会因为这种负面心理随之衍生其其他连锁心理和生理反应。

此行为严重阻碍人的心理发展，并且长时期这样会养成自我为中心，不善于说话，内向、自我压抑进而孤僻等不好的心理和生理问题，所以每个人都要注意自我调节，主动出击，从而调动和活跃社交气氛，引入趣味中心，树立个人形象。

一位刚刚毕业的大学生到一家公司应聘，因为听说这家公司的面试非常严格，这个大学生特意作了精心的准备，没想到，在面试的过程中，他还是遇到了一个难题，主考官问了他几个问题之后，突然沉默不语，只是不停地用眼睛打量着他。大学生以为自己说话出了什么差错，结果一下子变得非常慌张，几次想打破这种沉默的气氛，但却总是话到嘴边说不出口。结果，大学生的面试失败了。

在谈话的过程中出现冷场的现象是十分令人郁闷的一件事，不仅会觉得无聊，还会使自己的形象大打折扣。上例中的大学生遇到的冷场情况，可能是由于她不善言谈或准备不充分造成的，也有可能是考官故意制造出来的，但归根到底，还是由于她心理素质不够好、临机应变的能力不够强造成的。所以，要想避免冷场的尴尬，就需要我们在平时着重锻炼自己的心理承受能力，同时多开阔一下眼界，这样，在遭遇冷场的时候，就不至于无话可说。

萨姆是一个老实木讷的年轻人，平时就不声不响，很难受到老板的注意。一天，老板要他跟自己坐着火车到外地出差，两个人面对面地坐着，说了几句闲话之后，就开始大眼瞪小眼，谁也不知道该说什么了。萨姆觉得这样的气氛实在是太压抑了，于是决定找个话题，恰好，他看到老板的脚上穿着一双高档皮鞋，于是就"饶有兴趣"地向老板请教衣着搭配方面的问题。

老板一听，正中下怀，因为他平时就对自己的衣着十分在意，萨姆的问题正好搔到了自己的痒处，于是开始滔滔不绝地向萨姆讲了起来，期间，老板还委婉地告诉萨姆应该注意一些什么问题，由于两个人一路聊天，漫长的旅途似乎也过得飞快。回到公司以后，老板对萨姆说："嘿，萨姆，欢迎你到我家做客，或许我们还可以谈谈室内装潢之类的事情。"

萨姆与老板的关系越来越好，自己的优点也逐渐被老板发现，不久就升了职。

谈话过程中出现冷场并不是什么可怕的问题，只要你平时多积累、多锻炼，善于发现可谈的话题，掌握一些谈话的技巧，就不会被它难住了。

很多人在面对陌生人的时候，常常手足无措，不知道该如何开口。其实，打开话匣子不难，因为可以交谈的话题就在你身边。

假如你在车站碰见一个熟人，大家一起上车，一时没有话说，这时最方便的办法，就从当前的事物，那就是双方都同时看到、听到或感到的事物中，找出几件来谈。在车站，在车厢，耳目所及，会有众多的事物，如果你稍为留意，不难找出一些对方可能发生兴趣的话题。也许是车站上面的巨幅的广告，也许是同车的外国游客，也许是路旁驶过的豪华的轿车，也许是天空飞过的新型客机，甚至于在对方的身上，都可以找到谈话的题材。如果他打的领带很漂亮，你可以问他在什么地方买的；如果他身上穿着"皮尔·卡丹"衬衫，你可以问他这种衬衫究竟好不好，和广告上的宣传是否相符；如果他手上拿着一份晚报，看到晚报上头条新闻，你可以问他对当前时局的看法。

如果你到了一个朋友家里，在客厅里看到他孩子的照片，你就可以和他谈谈他的孩子；如果他买了一架新的钢琴，你就可以和他谈谈钢琴；如果他的窗台上摆着一个盆景，你就可以跟他谈谈盆景；如果他正患着牙痛，你就可以跟他谈谈牙和牙医，关心对方的健康。这些都是亲切交谈的话题。

凡是这一类眼前的事物，最容易引起人们的注意，只要其中有一样碰巧对方很有兴趣，那么，你与对方的交流就可以更深一步了。

另外，与素昧平生者每次交谈时，还可以巧妙地借用彼时、彼地、别人的某些材料为题，借此引发交谈。有人善于借助对方的姓名、籍贯、年龄、服饰、居室等，即兴引出话题，常常会收到好的效果。

当别人作完自我介绍时，你可以在他的名字上表现出你的兴趣。比如，你可以重复他的名字，并夸这个名字很好听，或者很少有人会有这样的名字，很有品位等，或者，你可以再具体问对方他名字的写法，以示你对他的重视。这样一来，你会迅速赢得别人的好感。

再者，你还可以在交谈时先提一些一般性的问题，以便投石问路，在大略了解后再有目的地交谈，便能说得更加自如。在听对方说话时要注意力集中，不能随便去否定对方的观点。

当然，交谈也许会由于各种原因而突然中断，这个时候的冷场更让人觉得尴尬。当我们的交谈中断的时候，我们怎样寻找新的话题呢？

在这种时候，不要心急，也不要勉强去找，否则会引起不必要的紧张，反而什么也想不出来。冷静下来，让脑子自由思考半分钟。你就很可能会从看到桌上摆着的一盏电灯，联想到"发明"，从"发明"联想到"创新"和"电影"，然后是"演员"，从而引发出新的话题。

别把与人交谈想得那么难，也别因为害怕说错话而不敢开口。自信一点，你就能找到打开话匣子的钥匙。你会发现，即使是与陌生人说话，也能流畅自然，像吃饭一样随意而简单。具体来说，你可以采用以下几种方法：

1. 创造和谐轻松的气氛

与陌生人见面，由于双方不熟悉，会出现无话可谈、冷场的情况，甚至产生不安的紧张心理。要打破这种僵局，使彼此能在很短的时间内熟悉起来，适当的幽默语言则是最好的方式。能引起对方好感的谈话必须有幽默感。只要平时稍加注意，这种幽默感便会产生。幽默,在紧张的情况下是救命之神。在询问对方情况的同时,穿插一些幽默的问话,说一些无伤大雅的笑话,开一个有分寸的玩笑,做一个适度夸张的动作,都有助于缓解紧张心理,创造和睦轻松的氛围。

2. 善于提问

提问是打破冷场,引导话题、展开谈话或话题的一个最好的方法。当你开口提问题的时候,你在很大程度上控制着话题的选择。假定有朋友告诉你:"我刚从美国回来。"你可以根据自己的喜好,这样问:"那里气候怎么样?""告诉我最让你难忘的事情。""在宾馆订房间难不难啊?过段时间我也想去一趟。""你吃得惯美国饭菜吗?"

3. 引发共鸣感

共鸣是仁者乐山,智者乐水的心灵感应,是伯牙《高山流水》获寻知音的激情。谈话也需要这样一种共鸣感,有感觉的聚会才会热热闹闹,才不会出现冷场的僵局。在与朋友或同事相聚时,要寻出共鸣感而不是将大家当听众,自己一个人独占舞台,唱起独角戏,即便你作出最精彩的表演也不会引得他人的喝彩。只有寻找能引起大家最广泛共鸣的内容。有共同的感受,彼此间才可各抒己见,仁者见仁,智者见智,气氛才会热烈。所以,你若是社交活动的主持人,一定要把活动的内容同参加者的好恶、最关心的话题、最擅长的拿手好戏等因素联系起来,以免出现冷场。

9 控场与演讲

我为演讲狂，一切尽在掌握

在演讲过程中，演讲者的最高境界在于，营造一个让听众和自己完全融为一体的氛围，并确保将掌控这个氛围的总开关置于自己手中。而这需要演讲者掌握一定的控场技巧和方法。

巧妙开场，一开口就吸引人

任何形式的演说，开头总是关键。在演说开始后的几分钟或者几秒钟内，听众通常会决定是否接受演说，是否听下去。出色的演讲高手总是有很好的控场能力，在一开场就抓住听众的注意力。他们登上讲台，一开口便一鸣惊人。他们善于立即抓住听众的心，尽快吸引听众的注意力。因为他们知道，如果不这样做，接下来的演讲将无法顺利进行。一个演讲者，如果从开始就无法保持听众对所演讲内容的兴趣，那么，他将失去在演讲中的主导地位。所以，只有独具匠心的开场白，以其新颖、奇趣、敏慧之美，才能给听众留下深刻印象，才能立即控制住场上气氛，在瞬间集中听众注意力，从而为接下来顺利演讲搭梯架桥。

一位年轻美貌的女士在一次演讲中第一句话就说："昨天我险些脱掉裙子。"此言一出，在场的听众人人大吃一惊，急欲知道这是怎么一回事。她接着说道："当我昨天在厨房做饭时，我那念小学三年级的孪生儿子在隔壁房间吵了起来，他们两兄弟似乎吵得很凶，小弟说，'你这个大笨蛋，妈妈的肚脐是凹进去的。'老大也不甘示弱地反驳说，'妈妈才不是凹肚脐呢，她的肚脐是凸出来。'小弟说，'你胡说，才不是呢！'大儿子说，'你才胡说！'我看情形不对了，赶快跑出来排解说，'你们两人给我安静下来，妈妈让你们看看我的肚脐是凹的还是凸的。'于是我作势要脱下裙子的模样。'啊，妈妈羞羞羞。'他们两个小鬼看后马上拿小食指划着小脸蛋羞我，我们三个人都笑了出来……"

人们这才恍然大悟，原来这是一个关于"亲子关系"的演讲。年轻的女士就是在演讲的一开头就语出惊人，激起听众的好奇心。

由此可见，有一个好的开场白，是多么重要。出语不凡的开头，能唤起听众的兴趣和求知欲，产生巨大的吸引力，紧紧抓住听众的心，使听众非听下去不可。

开场白是演讲者向听众出示的第一个同时也是最重要的信号，能否抓住听众的注意力，引发他们听的兴趣和积极性就取决于这最初发出的信息。大文学家高尔基说："最难的是开场白，就是第一句话，如同在音乐上一样，全曲的音调，都是它给予的。平常却又得花好长时间去寻找。"高尔基的这段话包含两层意思：第一，演讲的第一句话至关重要，它的作用如同音乐的"定调"，规定着"全曲"的基本面貌和基本风格。第二，适当的第一句话不是那么容易找到的，它是长期积累和斟酌钻研的结果。所以，想要成为一名成功的演讲者，必须在演讲开场时就抓住听众的注意力。记住：只有当你确信所有听众都在津津有味地听你演讲，你才可以确定你迈出了成功演讲的第一步。

下面，我们介绍几种常见的开场白：

1. 讲述故事

演讲的开头通过故事跌宕起伏的情节，将听众引入一种忘我的境界，并将自己的思想观点不动声色地融入到故事中，起到"随风潜入夜，润物细无声"的作用，真正达到讲故事的目的。

美国曾有一位叫普西尔康维尔的牧师，他"遍地宝石"的演说，竟不断在各地演讲达 6000 次之多，而且每次都受到欢迎。这篇著名的演说开头就说："公元 1870 年，我们从土耳其出发，顺着底格里斯河往下走……我们在巴格达雇了一位导游，带我们去看古代巴比伦的遗址……"于是他绘声绘色地将故事一段一段地讲下去，紧紧抓住了听众的注意力。

演讲若以这种方式开头，简单明白，又不容易失败。故事情节一层一层展开，人们绝对愿意知道以后将发生什么事情。

2. 引用名言典故

演讲开场白也可以直接引用别人的话语，为展开自己的演讲主题做必要的铺垫和烘托。名人说过的格言，永远具有引人注意的力量。所以，你能适当地引用一句名人说过的话，实在是演说开端的好方法。

有一个教育家在以事业成功为题作演讲时，先引用著名大演说家卡耐基的话说："世界上最好的奖品——荣耀与金钱，只赠予我们一件事，那就是创造力。什么是创造力呢？让我告诉你们，就是不必别人指导而能做出正确的事情，并获得成功。"

演说词以这样的开场白，紧扣演说主题，又层层提问，造成悬疑，定能使听众急于想知道下文，而回答又言简意赅，发人深省。在这样的基础上，演说者再列举大量生动的事例，从理论上展开对"创造力"在事业上成功的作用的说明，如此一分析，当然会把听众的思绪引入你的谈话里。

3. 引发好奇心

人类是好奇心强烈的可爱动物，只要遭遇与平常稍微不同的事物，便会围上去探个究竟。最明显的例子就是，在夜市中，只要有一群人围在一起，你一定也会凑上去看看别人在看什么。难怪有人说你要是在闹市区抬头持续看天空 5 分钟，周围便会有许多人慢慢聚拢过来也跟着抬头看，而且人人都想知道你在看什么，事实上，很可能你只是脖子酸而已。

一位日本教授在给大学生做演讲前，面对台下谈论不休的大学生们，他没有急于宣布他的演讲主题，而是从口袋里摸出一块黑糊糊的石头扬了扬："请各位同学注意看，这是一块非常难得的石头，在日本，只有我才有这一块。"当同学们都伸长脖子想看个究竟的时候，这位教授才说明，这块石头是他从南极探险带回来的，并开始了他的南极探险演讲。

人都有好奇的天性。在开场白中制造悬念，能激发听众的强烈兴趣和好奇心，在适当的时候解开悬念，使听众的好奇心得到满足，也使演讲前后照应，浑然一体。

4. 以惊人的事实开始

演讲者一开口，就说出让听众目瞪口呆的事例。

一位先生在讲"无线电的奇观"时，劈头第一句话就说："你们晓得吗？台北的一只苍蝇在玻璃上爬过的声音，由无线电传播到南部，声音有多大？告诉你们，那声音有如尼亚加拉大瀑布的巨响！"

这个演讲的开端，列举的事例和所作的论断，虽都有些危言耸听，但只有如此，才能立刻让听众震惊，引起他们的好奇和关注，产生非听下去不可的欲望。而他们讲的又不是无中生有，而是千真万确的事实，只是更"有力量"的报告罢了。

富有感染力的演讲，引起听者的共鸣

有这样一个故事：

一位衣衫褴褛的盲老人，在繁华的巴黎街头乞讨，身旁写了一块牌子："我什么也看不见"，过往的人很多，但没有人注意他。中午，法国著名诗人让·彼浩勒经过这里，见到牌子上的字，问盲老人："老人家，有人给你钱吗？"老人茫然地摇摇头，脸上的神情十分悲伤。让·彼浩勒听了，悄悄地在那行字的前面加上了"春天来了，可是——"就匆匆离去了。傍晚，诗人又来到这里，问盲老人下午的情况，盲老人笑着回答说，"先生，不知为什么，下午给我钱的人多极了！"让·彼浩勒听了以后，摸着胡子满意地离开了。

同样的意思用不同的话来说，效果就不同，同样的话，从不同人的口里说出来，所达到的效果也不同，同一个人，由于环境不同，即便说的是同样的话，可是含义会发生很大的变化。这就是语言的妙处。会说话的人总是善于掌握这种语言的技巧，因此，他们一开口就富有感染力，显得不同凡响。

马云的演讲口才一直为人称道，极具感染力和煽动性。尽管如今他每次讲的内容绝大部分并不新鲜，但在现场仍有很强的感染力。哪怕看以下这篇文字整理稿，你也会觉得，即便明知这是碗鸡汤，是碗老汤，但它并不难喝。

"刚才在讲，如果你认为你是空降兵，you are（你就是），你认为你是子弟兵，you are（你就是）！第一天来，你觉得我是阿里巴巴子弟兵，你就是了。你心里觉得是空降兵，所有人也知道你是空降兵，你觉得自己条件比别人好，说出来的话好像很懂的样子，而别人想我就是让你不懂，你就惨了。"

"你是谁是你自己决定的，不止在阿里巴巴，任何公司都是的。你一进公司，如果你认为，我就是阿里巴巴的子弟兵，你就会成为子弟兵，你认为你是空降兵，我是带大家走出苦海的，I am sorry，他们说我们就喜欢这个苦海，我们就适应这个苦海，那就完了。"

"唠唠叨叨讲了这么多，只想说一点，阿里巴巴还是个好公司，至少我想我们这个团队，我也好，李琪也好，彭蕾也好，各个子公司的老大也好，真心感谢大家加入阿里巴巴，一起来建造我们的梦想。"

"八年前，我们手头连把镰刀都没有，今天我们手上有东西了，人力也多了，你们要比八年以前的十八个创始人，要比七年前的百把号人，聪明得多，能力要强得多。要是你们不能成功，不要怪别人，要怪自己。谁让你们被别人忽悠，被我忽悠进来呢。来了，就死了这条心，认了吧。人家八年傻干过，我们也干吧。你一直干一直挖，挖不到油也可以挖到水。我们一起挖几年，在这个公司里面学习，欣赏。对大家的期望很大，我们把自己降低，将来能跳得更高！"

马云的演讲总是给人力量，每次听完他的演讲和看完他的演讲稿，总有网友会发出由衷的评价："太精辟，一针见血，真知灼见，给人希望，给人动力。"

善于发表饱含理性、充满激情、富有感染力的讲话，是一个人演讲水平的重要标志，也是其个人魅力的重要体现。美国著名演讲大师卡耐基曾经说："假如一个演讲者用坚信的语气，诚恳地诉说，那他就不可能失败，无论他讲的是政治还是经济政策，或者自己的旅行感触，只要他确实有将心中所想告知于你的冲动，那么他的演讲就会有强大的感染力，足以打动你的心。"

无论是日常说话还是在公开场合发表讲话，只有提升讲话的感染力，使讲话简明扼要、通俗易懂、新鲜活泼、生动形象又富有变化，才能激发起听众的兴趣，才能赢得听众的赞许，从而增强讲话的效果。否则，不但吸引不了群众的兴趣，反而会使大家产生反感。所以，我们要不断提高自己的表达能力，一般应在以下四个方面加强锻炼。

1. 发音标准，吐词清晰

清晰的表达能够让他人听清楚你说的是什么，这是说话的一项最基本的要求。发音一定要标准，吐字一定要清晰。语言表达是否清晰，普通话的流利和标准与否，都会直接影响讲话的感染力。

2. 掌握节奏，语速适中

演讲的语速也会影响声音的感染力。如果说话的语速太快，别人可能还没有听明白，你就已经说完了，反之；如果你说得太慢，就会让别人失去了倾听的耐性。因此，最恰当的做法应该是根据具体情况，来调节自己的语言节奏，以做到恰到好处的停顿，从而取得良好的谈话效果。

3. 情理交融，声情并茂

演讲时，要把声调、表情、遣词用语与所要表达的内容配合起来，一致起来。例如，在讲到爱护集体利益的行为事例时，以高兴的感情，使用称赞、欣赏的词句，就会使大家在认识到这种行为能给集体带来好处的同时，产生一种荣誉、向往、羡慕的体验；在讲到不守纪律的行为事例时，以厌恶的感情，使用指斥、责备的词句，就会使大家产生一种羞耻、鄙视、不满的体验。这样就会有感染力，号召力，使听者有了鲜明的情感倾向，甚至给人摩拳擦掌的鼓动作用，去改正自己的不好行为，多做些有益的事情。

4. 思维敏捷，语言流畅

演讲还要注意语言的流畅性。语言是思维的外在表现，一个说话很流畅的人，通常被人认为是个思维敏捷的人，或者可以反过来说，正因为他的思维敏捷所以他才能如此流畅。而且，语言流畅也可以很好地增加自己的自信心，同时也能获得别人的好感与信任，让人相信你的能力。

5. 信心十足，相信自己

要想感染别人，先得自己有自信。如果你说话的时候，信心充足，理直气壮，说起话来就铿锵有力，感染力自然就比较强。当然，很多时候，相信只是开始，不是终点，因为在相信之后，更重要的是切实的付出和努力。但只有内心真正地相信，才会源源不断地产生出能量和动力，而这才是相信的真正意义。因为他相信所有的付出都不会白费。

瞬间抓住听众的注意力

在演讲过程中，怎样抓住听众的注意力是演讲者要仔细考虑的事情。如果听众听演讲时不能集中注意力，演讲者预先定好的目标就很难实现，演讲也就很难顺利进行下去。

1. 以惊人的结果构成悬念

以倒叙方式布局的演讲，常采用这种思路设置悬念。听众被惊人的结论所吸引，就会进一步去研究这个结论是根据什么得出来的。

下面就是一篇演说的开头：

在 82 年前，也正是这个时候，伦敦出了一本被社会公认为不朽的小说杰作，很多人都称它是"全球最伟大的一本小说"。该书出版之初，伦敦市民在街头巷尾，朋友相遇时，都要彼此问一声："你读过这本书吗？"答案一定是："是的，我已经读过了。"

这本书出版的第一天，便销出 1000 册，两星期内共销出 15000 册，自然，以后又再版了许多次，世界各国都有了译本。在几年前，大银行家摩根用高昂的价格，买到了这本书的原稿，现在这本原稿和摩根其他无价宝物一并陈列在纽约市的美术馆中。这一部世界名著是什么呢？就是狄更斯所著的《圣诞节的欢歌》。

这篇演说的开头非常成功，它一开始就引起听众的注意，并且还使这种兴趣逐步增大。为什么会这样？就是因为它勾起了你的好奇心，造成了悬念。

2. 用小故事调动听众情绪

在演讲中，要想调动听众情绪，牢牢吸引听众的心，演讲者不妨以故事来贯穿演讲的始终。

故事具有连贯性和完整性，富有吸引力和感染力，它生动曲折的情节进程和丰富深刻的思想内涵，能够产生强烈的吸引力和深刻的启示力。如果我们在演讲时，能插入一些小故事，就能增强语言的生动性和启发性。

有一次演讲比赛是以社会公德为主题。其中有两位演讲者的讲稿内容相似雷同，这种情况对后一个演讲者来说很不利，是一个考验。但他却即兴构思了一个幽默故事，揭示自己演讲的主题，证实了自己的能力。他一边说，一边模仿着：

"有一天，在公共汽车上，坐着一个健壮如牛的男人。这位先生一直紧闭双眼，紧锁眉头，一副病态……这时，旁边有人问他：'哎，你怎么了，病了？'这位先生依旧闭着眼，回答说：'不。我没病，我是实在不忍心看着妇女和孩子站在我面前啊……'"

在听众的笑声之后，他便开始讲如何树立社会公德的问题。他对那个男人的内心世界的剖析，给听众留下了很深的印象。

演讲中，与其干瘪枯燥地高谈阔论，不如用精短简洁、生动感人的故事走进听众，启发大家思考。巧借故事，不仅极大地调动了听众的情绪，而且，给听众以深刻的印象。

3. 用道具来刺激听众注意力

演讲不仅是"讲"，还要"演"。演讲者借助一些辅助道具可以体现所述内容的真实感，增加说服力；可以强调演说内容，帮助听众了解并接受观点；可以吸引听众注意力，加深印象，久而不忘。

2005 年度全国十大名镇评选晚会上，央视著名节目主持人崔永元作为云南保山市腾冲县和顺镇的形象大使，以《话说和顺》开始了他别出心裁的演讲。他正话反说，以自己特有的"冷幽默"方式，在介绍和顺的三大"不足"中明贬暗褒地盛赞和顺镇的优势：历史悠久，对外开放的足迹已踏遍欧美，农民文化水平高、素质修养高；最后才亮出"魅力名镇，舍我其谁"的壮志豪情。其间，为说服评委、征服听众，他边讲边出示了一些独特的实物道具，作为最有力的证据：

"出国的人有很多没有回来，因为他们在国外担任了一些职务……更多的人回来了，带回了很多稀罕的东西……今天我随手给大家拿来了两件，可以看看，（出示实物）这是那个时候他们从国外带回来的望远镜，我现在都可以清楚地看到评委脸上露出了笑容。这是高尔夫球杆，是 20 个世纪 40 年代在我们和顺使用的……

因为读书读得多，就读出了很多奇奇怪怪的人……张宝廷先生，他是翡翠大王，大家见到的翡翠，都是由他在缅甸发现、加工、制作，卖到北京、上海、广州、香港的。（出示实物）我今天带来了一块翡翠玉石给大家看一看……

这是我们和顺乡 1946 年自己出的报纸，（边讲边出示实物）这是毛主席任命人民政府委员时发的，这是他的签名，这是他的通知书。这是当年建公路时候的股票。这是在上海和香港住店的发票，到现在还没有报销。这是和顺乡自己办的刊物，1936年出的第一期，到今天还在出。这是当时的通行证，这是出国必看的一本书，叫《青年宝鉴》……"

在整个演讲中，崔永元出示了许多实物道具，使演讲颇具说服力。耳听为虚，眼见为实，看着这些摆在眼前的道具，听众对和顺悠久而辉煌的历史更加深信不疑，对崔永元幽默而精彩的演讲报以热烈的掌声。

由此看来，演讲中道具的运用，不仅起到了化枯燥为生动、变抽象为直观的作用，从而有利于听众接受其演讲观点，而且还使演讲具有哲理意味，深化了演讲主题。

4. 让听众参与其中

你或许不曾想过，加入一点小小的表演技巧，也能使听众注意你的每个词语。

当你挑选听众来协助你展示某个论点，或将某个意念戏剧化地表现出来时，你对他们的影响力便会急剧地提升。当听众被演说者带入"表演"中时，便会敏锐地感知身边所发生的事。许多演讲者曾这样说过：讲台上的人和讲台下的人之间总是隔有一堵墙。如果让听众参与到演讲之中，就能在一定程度上避免这种情况。

曾有一个演说者，想要向听众说明从踩刹车到车子完全停止之间的行车距离。这个问题仅靠演说者讲的话，往往是极抽象枯燥的。所以这位演说者就请一位坐在最前排的听众站起来，协助他说明车距与车速的关系。被指定的听众拿着卷尺站在台上，按着演讲者的解释前进或后退。看到这个情况，相信演说所要表达的论点一定已深入人心。那卷尺不仅具体表现了演说者的观点，同时也成为与听众沟通的桥梁。

演讲是有演有讲的一种活动。如果能够运用戏剧舞台的表演技巧，把听众吸引到演说词的情境中去，让他们扮演其中的某个角色，或者干脆指定一两个听众，临时当个帮手，这对吸引听众的注意力，提高其兴趣，是一个上乘之法。

5. 学会和听众拉关系

在演讲过程中，最好的方法是一开始便指出你与听众之间具有某种关系。

英国首相哈罗德·麦克米兰曾经在美国的印第安纳州德堡大学向毕业生讲话，他是这样开头的：很感激各位亲切的欢迎词，我身为英国首相，应邀前来贵大学，实非寻常等闲之事。不过我觉得，本人当前的政府职位，恐怕不是各位盛邀的主因。我的母亲是美国人，出生于印第安纳州，而我父亲则是德堡大学首届毕业生之一。我可以向各位保证，我深以与德堡大学有关联为荣，并以与各位是同乡为幸……

开头的这几句话便打开了与听众交流的通道，简明而真诚。麦克米兰提到美国学校以及他母亲和身为先驱的父亲所熟悉的美国式生活，马上就替自己赢得了友谊，也使自己很快进入了演讲角色。

完美收尾，让听众记住你的演讲

结尾是演讲的重要组成部分，是显示一个人演讲艺术的重要环节之一。当一个优秀的演说者退席后，他最后所说的几句话，将会在听众耳边回响，将被保持最长久的记忆。"余音绕梁"即是如此，因此结尾也须精心设计。结尾是走向成功的最后一步，弄得好，能曲终奏雅，给听众留下美好而难忘的印象；弄得不好，会功亏一篑，令人失望和扫兴。因而这最后的部分也是演讲中最需要讲究策略的地方。

莎士比亚的名著《恺撒大帝》一剧里，伯鲁特斯对市民演讲他刺死好友恺撒全是为国为民时，是这样结尾的：

临了，我要告诉诸君一声：因为罗马帝国，我不得不刺杀我的好友恺撒，刺死恺撒的便是我，便是这把短剑。假使他日我的行动和恺撒一般，请诸君就用这把短剑来刺我吧！要是大家的行为，也有和恺撒一样的，那么这把短剑，终是不肯饶过你的。请诸君认清这把短剑，请诸君认清卖国贼，认清爱国的好汉。

伯鲁特斯的结尾不过短短十几句话，却完全包括了他整个演讲的意思，而且表现出他的热情。

演讲的结尾在整场演讲过程中非常的重要，往往能起到画龙点睛的作用。俗话说得好："编筐编篓，重在收口。"演讲也讲究有始有终。精彩的结束语犹如与人话别，能促人深思，耐人寻味，给听众留下难以忘怀的印象。因此，在演讲的结尾要努力调动一切积极因素，把听众的情绪推到最高的浪峰上，使听众情绪激昂、感奋起来，让听众在头脑中出现一个更为强烈的兴奋点，给听众以希望和信心，催听众团结向上，促演讲者的意境和听众的感情得到升华，形成说服和感染听众，并给听众以启迪的强烈效果。

正确的结束演讲的方法是多种多样的，没有一种适合于任何特殊情况的通用方法。演讲者可根据自己演讲的具体时间、地点、主题、听者及自己个性等因素，选择适合于自己结束演讲的方法，使之有效地为自己演讲的思想和目的服务。

1. 幽默式结尾

有个教士，叫路易·乔治，他在为约翰·维斯雷重修坟墓的严肃仪式上，面对着众多公理会教徒发表的演说，结尾也引起了听众大笑，堪称一篇优美流利的结尾词："我很高兴你们愿动手来帮忙重修他的坟墓。他是应该受尊崇的。他是一位极度憎恶不整洁的人。我听他曾说过这样的话：'永远不要让任何人看见一个衣衫褴褛的公理会教徒。'正是因为他的努力，所以你们永远不会看见一个这样的人（笑声）。假如你们竟让他的坟墓残破不堪，那真的是故意和他做对了。你们还记得当他走过一间住宅时，一个小女孩跑到门口向他喊道'上帝保佑你，维斯雷先生'，他是怎样回答的吗？他答道：'年轻的女孩，如果你的脸和围裙再干净点，你的祝福将更有价值。'（笑声）这便是他对于不整洁的厌恶感觉，不要让他的坟墓不整洁啊！假如他的灵魂经过此地，看见坟墓不整洁，将会比任何事更令他伤心。务必好好地看护它，这是一座值得纪念，尊崇的坟墓。这是你们的责任。"（欢呼）

在多种多样的演讲结束语中，幽默式可算其中极有情趣的一种。一个演讲者能在结束时赢得笑声，不仅是自己演讲技巧十分成熟的表现，更能给本人和听众双方都留下愉快美好的回忆，也是演讲圆满结束的标志。

2. 借用名句结尾

在所有的结尾方法中，如果你能找到合适的短句或诗句结尾，那是最理想不过的。它将产生最合适的风味以及庄严气氛，将可表现出你的独特风格，产生美的感受。

世界扶轮社社长哈里·劳德先生以这种方式结束他的演说："各位回国之后，你们之中某些人会寄给我一张明信片。如果你不寄给我，我也会寄一张给你。你们一眼就可看出那是我寄去的，因为那上面没有贴邮票。但我会在上面写些东西：春去夏来，秋去冬来，万物枯荣都有它的道理。但有一件东西永远如朝露般清新，那就是我对你永远不变的爱意与感情。"

这首短诗很配合他演说的气势。因此，这段结尾对他来说，是极为合适的。

3. 总结式结尾

演说者往往有种错误的想法，认为自己要讲的观点在自己脑海中如水晶般清楚，因此听众也会同样清楚。事实上并不尽然，演说者对自己的观点已经思考过相当长的时间了，但对听众来说这些观点却是全新的。它们就好像一把丢向听众的弹珠，有的可能落在听众身上，但绝大部分则零乱地掉在地上。听众只能"记住一大堆事情，但没有一样能够记得很清楚"。所以有必要在演讲结束时总结一下观点。

下面的演说者是芝加哥的一名交通经理。他在这方面做得比较成功。

"各位，简而言之，根据我们在自己后院操作这套信号系统的经验，根据我们在东部、西部、北部使用这套机器的经验，它操作简单，效果很好，再加上在一年之内它阻止撞车事件发生而节省的财力，我怀着最急切和最坦荡的心情建议：在我们的南方分公司立即采用这套机器。"

他的成功之处在哪里？那就是我们可以不必听到他演说的其余部分，就可以看到并感觉到那些内容。像这样的总结极为有效，不妨在实际运用中加以发挥。

在演讲结束时简洁、扼要地对自己已阐述的思想进行总结，帮助听者加深印象。这种结尾用极其精练的语言，对演讲内容和思想观点作一个高度概括性的总结，以起到突出中心，强化主题，首尾呼应，画龙点睛的作用。

4. 号召式结尾

这方法对一些"使人信"（相信）和"使人动"（行动）的演讲来说，效果尤为显著。讲者通过对与听者有共同思想、共同愿望、共同利益和共同语言的某问题的阐述，使演讲达到一定高潮。然后，讲者利用一些感情激昂、动人心弦的讲演词对听者的理智和情感进行呼吁，并借助像"为实现我们预定的目的而奋斗"等语言，向听者指明行动的具体步骤，这样，讲者实现了激励和感召听者的目的，听者马上就会明了讲者的意图和自己行动的具体方案。

在某企业竞聘副经理演讲时，一位演讲者在演讲结束时直截了当地向听众说：同志们，朋友们，请大家助我一臂之力投我一票

吧，因为选我就等于选了你自己！（掌声热烈）

他的这一号召很管用，言语不多，却亲切感人，如同一根魔棒一样触动了听众的心灵，使大家的心和他紧紧拴在了一起，因此取得了很好的效果。

5. 结尾激发高潮

激发高潮是很普遍的结束方法。这通常很难控制，但是如果处理得当，效果就会好得出乎意料。整个演说逐步向上发展，在结尾时达到高峰，句子的分量也愈来愈重。

林肯在一次有关尼亚加拉大瀑布的演说中，是这样结尾的：

"这使我们回忆起过去。当哥伦布首次发现这个大陆，当基督在十字架上受苦，当摩西领导以色列人通过红海，那时候和现在一样，尼亚加拉瀑布早已在此地怒吼。已经绝种但其骨头塞满印第安土墩的巨人族，当年也曾以他们的眼睛凝视着尼亚加拉瀑布，正如我们今天一般。尼亚加拉瀑布与人类的远祖同期，但比第一位人类更久远。今天，它仍和一万年以前一样声势浩大。早已死亡，而只有从骨头碎片才能证明它们曾经生存在这个世界上的巨象，也曾经看过尼亚加拉瀑布。在这段漫长无比的时间里，这个瀑布从未静止过一分钟，从未干枯，从未冻上过，从未合眼，从未休息。"

林肯的每一个比喻都比前一个更为强烈，他把他那个时代拿来分别和哥伦布、基督、摩西、亚当等时代相比较，因而累积了效果，达到了高潮。所以，精妙的结尾既是收束，又是高峰；既水到渠成，又戛然而止；既铿锵有力，又余音袅袅；既别开生面，又来得自然。

用真诚打动听众，引起共鸣

感人心者莫先乎情。唯有炽热的情感，才会使"快者掀髯，愤者扼腕，悲者掩泣，羡者色飞"。演讲中如若能用真诚打动听众，才能让听众受到强烈的心灵震撼。

演讲的魅力并不在于你说得多么流畅，滔滔不绝，而在于你是否善于表达真诚。最会说话的人并不一定是口若悬河的人，而是善于表达真诚的人。当你用得体的话语表达出真诚时，你就赢得了对方的信任，建立互信的沟通渠道，对方也就可能由信赖你这个人而喜欢你说的话。

美国著名政治家林肯非常注意培养自己真诚的品格。1858年他在一次竞选辩论中说："你能在所有的时候欺瞒某些人，也能在某些时候欺瞒所有的人，但不能在所有的时候欺瞒所有的人。"无哗众取宠之心，有实事求是之意，才能取悦于你的演讲对象，使他们接受你的思想。一个演说者如果讲话华而不实，只追求外表漂亮，开出的只能是无果之花。若缺乏真挚而热烈的情感，只是用"人工合成"的感情，虽然能欺骗听众的耳朵，却永远骗取不到听众的心。因为心弦是不会随随便便地让人拨动的。若要使人动心，必先使己动情。著名演说家李燕杰说："在演说和一切艺术活动中，唯真情，才能使人怒、使听众信服。"第二次世界大战期间，英国首相丘吉尔在对秘书口授反击法西斯战争动员的讲稿时，"像小孩一样，哭得涕泪横流"。他的这次演说动人心魄，极大地鼓舞了英国人民的斗志。真情是演说最好的技巧。

在演说中，唯有真诚的情感，才能产生巨大的影响，才能唤起群众的热诚，才有震撼人心的力量。

真诚，是通往人们心灵的桥梁。要想使你说话和表达产生共鸣，需要来自你内心深处的声音，先要感动自己然后感动别人，不为说话而说话，应以倾诉内在心灵，以心灵的沟通为主要，即可动人以情，并产生强烈的共鸣。不要去追求华丽的辞藻和假装的深沉。朴实无华的语言会显得格外的亲切，也就具备强大的感染力。

某学院有位教员写了一本《思想政治工作方法》的书，出版社让他推销1000册。对他来说，这远比讲课要难得多。为了把书推销出去，他搞了一次演讲，他说："……当老师的在这里推销自己写的书，总不免有些尴尬。不过，如今作者也很难，写了书，还得卖书。出版社一下压给我一千册，稿费一文没有，所以我不推销不行。这本书写得怎样，我自己不好评说。不过有两点可以保证：第一，这本书是我用三年时间完成的，是我心血的结晶；第二，书的内容绝不是东拼西凑抄下来的，是我自己长期思考的见解。前不久，这本书被思想政治工作研究会评为社科类图书的二等奖，这是获奖证书。说实话，对于我们这些教书匠来说，搞推销比写书还觉得难，只是硬着头皮来找大家帮忙。不过，买不买完全自愿，绝不强迫。如果觉得这本书对你有用，你又有财力就买一本，算是帮我一个忙。谢谢。"他的这次演讲立即产生了效果，一次就卖掉了300多册。

这位教员不是专职推销员，但是他却获得了成功。从某种意义上说，他的成功就在于他恰到好处地表达了自己的真诚，赢得了听众的信赖。

语言真诚，即使几句简单的话，也能引起听众的强烈共鸣。很多时候，华丽的辞藻并不能让人感动，质朴无华的语言才能让对方产生心灵的共鸣。会说话的人，不光是肚子里有渊博的知识，更要用真诚的语言、真诚的态度来感动别人，并换来彼此的心灵相通，坦然以待。

1952年，尼克松被共和党提名为副总统候选人，竞选期间，突然传出一个谣言，《纽约邮报》登出特大新闻：《秘密的尼克松基金!》开头一段说，今天揭露出有一个专为尼克松谋经济利益的"百万富翁俱乐部"，他们提供的"秘密基金"使尼克松过着和他的薪金很不相称的豪华生活。尼克松对此本不想理睬，然而，候选人的"清白"问题是个敏感的"公共事务"，它是不会轻易被人忘掉的，加上对手的有意利用，谣言越传越凶。民主党人举着大标语："给尼克松夫妇冰冷的现钱!"在波特兰，示威者全力出动，聚在一起向尼克松扔小钱，扔得那样凶，逼得他在车上低下头……不认真对待不行了，尼克松决定发表电视演说，他在电视演说中叙述了那笔经费的来源和使用情况，还宣读了会计师和律师事务所的独立证词，解释基金是完全合法的。

尼克松非常明白，不利舆论已经气势汹汹，单靠说明"这件事"的真相是远远不够的。他要公布他的全部财务状况来证明自己的清白。他从青年时期开始，说到现在，"我所挣的，我所用的，我所拥有的一点一滴。"他说："他现在拥有：一辆用了两年的汽车；两所房子的产权；4000元人寿保险；一张当兵保险单。没有股票，没有公债。他还欠着住房的3万元债务，银行的4500元欠款，人寿保险欠款500元，欠父母3500元。"

"好啦，差不多就是这么多了。"尼克松说，"这是我们所有的一切，也是我们所欠的一切。这不算太多。但帕特（尼克松夫人）和我很满意，因为我们所挣来的每一角钱，都是我们自己正当挣来的。"当时，他无疑已把广大听众争取过来了。

那些坚决反对尼克松的喧嚣者当然不会被一次电视演说打动，他们继续造谣。报纸上又登出新闻，说尼克松向一个工程公司"借过"钱；又一条头版消息说，尼克松去过一个赌场！还有些其他说法……但没有人听了，这些谣言自生自灭了。不过，尼克松是个做事很认真的人，他不愿意仅仅到洗刷自己就止步，他要让沉默的多数人不听、不信谣言，还要借此机会去与公众作感情沟通，希望沉默的多数人开口说话。

演说的场所是尼克松的书房，出场人物是尼克松和夫人帕特、两个女儿及一条有黑白两色斑点的小花狗，大家相拥而坐，表现出一个充满温暖的中上等幸福家庭。对听众谈话时，尼克松也不时看着妻子、女儿和小花狗，"还有一件事情，或许也应该告诉你们，因为如果我不说出来，他们也要说我一些闲话。在提名（为候选人）之后，我们确实拿到一件礼物。得克萨斯州有一个人在无线电中听到帕特提到我们两个孩子很喜欢要一只小狗，不管你们信不信，就在我们这次出发做竞选旅行的前一天，从巴尔的摩市的联邦车站送来一个通知说，他们那儿有一件包裹给我们，我们就前去领取。你们知道这是什么东西吗？"

"这是一只西班牙长耳小狗，用柳条篓装着，是他们从得克萨斯州一直运来的——带有黑、白两色斑点。我们 6 岁的小女儿特丽西娅给它起名叫'切克尔斯'。你们知道，这些小孩像所有的小孩一样，喜欢那只小狗。现在我只要说这一点，不管他们说些什么，我们就是要把它留下来！"

美国人爱狗是有名的，尼克松得到的唯一礼物就是一只小狗，何况那是送给 6 岁女儿的，为了孩子，这是他唯一要"保卫"的东西。还有比这更富于人情味的吗？还有比这更与普通选民情感相通的吗？何况，那只可爱的小花狗正依偎在 6 岁女儿的怀里呢……

说变就变！支持的电报和信件雪片般飞来，尼克松出色地利用舆论——以其人之道还治其人之身，抬高了自己的身价，化解了危机，赢得了民众的支持。

饱含真情，天地动容，演讲者要懂得以情动人，懂得用情感转化人的认识，调解人的行为。

真情实感是演说的灵魂，真诚的吐露能让听众受到强烈的震撼，产生心理上的共鸣，只有这样的讲演别人才最爱听。

出口成章，即兴演讲显示个人风采

所谓即兴演讲，就是在事先未作准备或准备不充分的情况下，临场因时而发、因事而发、因景而发、因情而发的一种说话方式。

生活中，我们经常出入各种公众场合，用得体的语言进行谈判，说服他人，激励他人，和各种人打交道，而这一切都离不开讲话的艺术。很多时候，我们还要在毫无准备的情况下，在未知的场合说话，这就要求我们有较强的即兴表达能力。一个人即兴演讲水平的高低，在很大程度上反映其说话水平的高低、其控场能力的高低。如果你想要树立自己的成功形象，增强自己的控场能力，必须努力提高自己的即兴发言水平。

一天，一些企业界和政府高级官员，参加一个制药公司新设立的研究部门的开幕典礼。研究处处长的六名下属相继发表了有趣而又非常成功的演说。

"说得真是太好了，"一位官员对研究处长说，"你的每一位下属都很了不起，是杰出的人才，你为什么不登台讲几句呢？"

"我只能对着自己的脚讲，却不敢在大庭广众面前发表演说。"研究处长不好意思地说。

过了一会儿，主席使他大吃一惊。

"接下来请研究处长讲话，"他说，"听说处长不太喜欢发表正式演说，不过，今天我们还是想听处长说几句话。"

结果非常糟糕，他虽然很勉强地站起来开口说话，但只不过刚讲了一两句，就说很抱歉，不知道再说些什么话了。

他站在那里，一个自己行业里的精明强干的负责人，当他面向群众说话的时候却显得笨拙而又迷惘，狼狈不堪。

即兴演讲是一种综合能力的表现，涉及一个人能力的方方面面，它直接反映了一个人的控场能力、思维能力、组织能力及语言表达等综合素质。它要求我们具有一定的洞察力、应变和快速反应能力，能及时对现场情况进行归纳概括，然后用流畅的语言表达出来。高水平的即兴演讲，对于塑造个人的形象，提高控场能力等具有重要的作用。

即兴演讲的特点是由境而发，随机应变，短小精悍。由于即兴讲话具有突然性、临时性和不确定性，所以不少人畏之如虎。其实，即兴演讲作为经常使用的一种讲话形式，并非高深莫测，其中还是有一定的技巧和规律可循的。如果能很好运用即兴演讲的技巧，就会取得事半功倍的效果。

1. 克服紧张心理

由于事先没有心理准备，很多被要求即席发言的人走到讲台上时，常会感到紧张，这样就会影响发言的效果。所以，你必须设法很大方很从容地接受那"突如其来"的"任务"，这是最要紧的第一步！一旦上场发言，就应该充满自信，临场不乱，就要能有效地控制紧张心理，从容不迫，沉着应战，能尽情发挥，侃侃道来。不然的话，本能够在公众场合作言之有物的即席发言，也会因为紧张，心慌意乱，讷讷无词，表达不好而讲不了两句话就脸红"卡壳"了，只好败下阵来。那么要克服紧张心理，就要有备无患，并且随机应变。

2. 构思要迅速

即席演讲是一种在特定情境下事先没有准备的临场说话的口语模式，它的特点是即景而发，随机而谈，因此要求发言者要构思迅速。在构思时要确立中心，明确自己的观点和态度。同时，要从实际出发，为发言寻找一个合适的切入点，明确了中心观点以后，最好能举例说明问题，以增强说服力。最后，发言一定要有精彩的开头和结尾。开头最好干净利落，直接人题，可以借当时的场景、情况、会议主题等作为开场白，结尾则要强化发言的主要内容。

3. 紧扣主题，选好切入点

主题是即兴演讲的主要、最关键的内容，是整个表达的根本依据。说话中的每一个层次、每一个段落、每一句话语，甚至每一个词都反映着一个意思，而这些意思，又都统帅在主题之下。主题一旦确定，便为材料的增删取舍创造了条件。表达的主题具有鲜明性、唯一性和凝缩性等特点。因此，即兴说话时要寻找素材、临场引发，及时提炼出正确而健康、深刻而新颖、典型而突出的主题。

4. 语言要简洁

即席演讲常以简明扼要显出其力度，并以亲切生动的表述给听者留下深刻的印象。但是短小并不是空洞无物，而是要言之有物，言简意赅，力求信息密度大。优秀的即席发言常常以简练、含蓄而抒情的语言取胜。

5. 讲话要富有鼓动性

富有鼓动性是即兴演讲的一个重要要求。要通过即兴讲话向听众传递信息、表达见解，让听众自觉接受讲话者的观点，引起共鸣。为此，演讲者必须注意语言的生动、形象、精粹、有力，或古今中外信手拈来，或诙谐幽默妙趣横生，或娓娓道来沁人心脾，或善用修辞增添力量，或富有哲理给人启迪。

6. 以理服人，实事求是

这是即席演讲的一个基本规则，作为演讲者说话要尊重事实，保证自己选用的材料都是确凿、准确，才能获得听众信任，收到预期的效果。应当以事实为依据，特别只在提出批评意见时，才可以令对方心服口服。比如说，某位领导被要求就企业内存在的办事效率不高的问题发表意见，若是他开口闭口"效率不高，办事拖拉"几句空洞的套话反复讲，恐怕很难令对方立刻接受，你这么说有什么依据呢？要是他经过深入的调查，对员工的工作时间，工作完成情况，如单位时间内的工作完成量，平均每人的工作完成量等数据有所了解，简单的几个数字摆在人们面前就足以说明问题了，这样才能"对症下药"，讲到点子上，不用费太多口舌就可以收到事半功倍的效果。

"冰冻三尺，非一日之寒"。即兴演讲的技巧和要求是多方面的。练就临场发挥的水平也非一日之功，演讲者要在实践中不断钻研和锻炼，这是提高个人素质和控场能力的关键，很有实践意义。